Das Buch

In seinen Erzählungen, Betrachtungen und Anekdoten sieht Gerd Gaiser Sizilien mit historischen und modernen Augen. Humorvoll und mit einem außerordentlichen Sinn für Situationskomik breitet er die bislang unentdeckten Geheimnisse dieses Landes vor uns aus: seien es alte Kultstätten, ein halbverfallener Brunnen am Weg, die Harmonie von Berg und Meer oder die Einfalt eines Kindes. Bei allem, was der Autor beschreibt, trifft er das Wesen der Dinge und läßt den Leser während der Lektüre eine gelungene Mischung von Bildungsreise und Erholung nacherleben.

Der Autor

Gerd Gaiser, geboren am 15. 9. 1908 in Oberriexingen/Württemberg, studierte Malerei und Kunstgeschichte. Im Zweiten Weltkrieg war er Jagdflieger; dieses Thema hat er in seinem erfolgreichen Roman ›Die sterbende Jagd‹ (1953) behandelt. Von 1949 bis zu seinem Tod am 9. 6. 1976 lebte Gaiser in Reutlingen, wo er als Kunsterzieher tätig war. Er erhielt mehrere Literaturpreise. Weitere Werke: ›Eine Stimme hebt an‹ (1950), ›Das Schiff im Berg‹ (1955), ›Schlußball‹ (1958), ›Gib acht in Domokosch‹ (1959), ›Am Paß Nascondo‹ (1960) und ›Gazelle, grün‹ (1965).

Gerd Gaiser:
Sizilianische Notizen

Deutscher
Taschenbuch
Verlag

Von Gerd Gaiser
ist im Deutschen Taschenbuch Verlag erschienen:
Ortskunde (1684)

Im Text ungekürzte Ausgabe
1. Auflage Januar 1980
2. Auflage Juni 1981: 11. bis 16. Tausend
Deutscher Taschenbuch Verlag GmbH & Co. KG,
München

Umschlaggestaltung: Celestino Piatti
Gesamtherstellung: C. H. Beck'sche Buchdruckerei,
Nördlingen
Printed in Germany · ISBN 3-423-01509-8

Inhalt

Εἶπον δὲ, μεμνᾶσθαι Συρα –
        κουσᾶν τε καὶ Ὀρτυγίας
Τὰν Ἱέρων καθαρῷ σκάπτῳ διέπων,
Ἄρτεα μηδόμενος, φοινικόπεζαν
Ἀμφέπει Δάματρα, λευ –
        κίππου τε θυγατρὸς ἑορτὰν,
Καὶ Ζηνὸς Αἰτναίου κράτος

Ich habe gesagt, gedenken wolle ich an
        Syrakus und an Ortygia,
wo Hieron in reiner Herrschaft waltet,
das Rechte besorgend, und der rotbeschuhten
Demeter dient er und dem Fest der Tochter
        mit den weißen Pferden
und dem gewaltigen Zeus vom Ätna

Pindar
(Olympia VI)

Die roten Röcke

Als ich das letzte Mal in dieser Nacht an Deck kam, war die Sonne am Aufgehen und der Mond neigte sich. Hoch am Himmel stand noch ein einziger, sehr heller Stern. Es dauerte Augenblicke, und die Sonne trat gleißend unter den Rand der bewegten Flut, deren Dunkel tiefer wurde. Indessen sank ihr gegenüber, noch schaubar, eine Handbreite über dem Horizont, der Mond milchgrün und sanftgefleckt. Dann wurde es hell, der Himmel zuckte, still blich der Mond vollends aus und tauchte ein. Das Schiff befand sich allein auf seiner Reise, von keinem Vogel begleitet; kein Fisch sprang. Keine Insel, keine Küste waren zu erblicken, der Gesichtskreis vollkommen rund. Die Wellen rollten gleichmäßig, längshin schäumend. Manchmal brach sich eine und schoß eine Rakete von Gischt aufwärts, die der Wind zerblies.

Ich hatte mich noch einmal ausgestreckt und schlug aus einem kurzen, sehr tiefen Schlaf noch ohne Besinnung die Augen auf. Von meiner Bettstatt ging der Blick durch ein Gewirr von Gestängen, von Streben und Eisenröhren zu anderen, jetzt am Morgen durcheinandergeworfenen Lagern. Es war Bewegung im Raum, der vom Arbeiten der Maschinen gleichmäßig zitterte. Da lag auf dem Bett vor mir ein roter Rock. Ein Waffenrock, feuerrot und überaus prächtig. An dem Rock saßen Knöpfe, so groß und so blank wie Spiegeleier, und auf ihm prangten Epauletten, größer als Gemüsekörbe, und goldene Fransen hingen von den Rändern herab. Ich sah einen Sarras mit goldenem Korb auf den Rock hingeworfen, und ich sah ein Stück weiter einen Tschako ellenhoch, dessen Feder prahlte. Da erwachte ich vollends ganz und sah Rock und Tschako immer noch liegen, und als ich mich aufrichtete, wurden es mehr rote Röcke, die von da und dort leuchteten, und ich sah Bandeliere und Schärpen und sah wilde, lackierte Pracht ausgelegt. Dann sah ich gebeugte, prall angespannte Rücken sich bewegen. Die Rücken gehörten Männern, schnurrbärtigen Riesen, die bemüht waren, sich in alle die Pracht zu zwängen. Sie bogen und reckten sich und wippten in den Monturen, deren Nähte ächzten. Ich hörte sie nicht reden, das Werk des Ankleidens beschäftigte sie ganz und gar. Zähne blitzten aus ihren windroten, kalt und verwegen blickenden Gesichtern. Dabei hatten den Abend zuvor sich nur Männer in gestreiften Anzügen zur Ruhe gelegt.

Ich legte mich noch einmal zurück und schloß die Augen, damit die Männer fort sein sollten. Aber als ich mich wieder umdrehte, waren die Männer immer noch da. Sie standen jetzt bis zum Hals fertig, feurig und hochgeknöpft, und wichsten ihre Schnurrbärte. Betroffen stand ich auf, kroch in meine Sachen und wartete auf einen Ausgang. Doch sobald sie sahen, daß ich wartete, machten alle mit großer Höflichkeit Platz.

Kaum aber an Deck, so hatte ich die roten Männer vergessen. Denn draußen hob sich die Insel aus der frühen Flut. Stürmisch wuchs sie herauf, wild, zart und rosenfarben. Unbekannter Umriß, herrliches, schreckliches Land. Der Anblick ließ spüren, was dem Seefahrer lang verschollener Zeiten in der Brust geklopft haben muß, was ihm einen Seufzer abpreßte: was wartete an solchen Stränden, was für Menschen lebten dort, was für Götter, was für Zeichen und Verwandlungen? Die Berge wuchsen, und der Hafen öffnete sich. Brauner Rauch, hin- und hergezerrt wie verrutschte Tücher, lag in Schwaden über der Bucht. Das Schiff meldete sich, tief röhrend. Bald lagen wir fest und sahen hoch vom Deck herab Menschen, Wagen und Tiere wimmeln. Es war warm, und es gab keine Frische in der Luft wie an nördlichen Morgen; eine Luft, die wie Wasser trug, bittersüß, voll von Essenzen und Fäulnissen, von einer allmächtigen, durchdringenden Wärme geheizt.

Eben waren wir herabgeklettert und konnten nun hoch

gegen die Schiffswand hinaufblicken, da sahen wir, daß gegen den Bug unseres Schiffs hin Gedränge entstand. Ein zweiter Steg war dort zu einer Luke herangeschoben worden, wir vernahmen das Einsetzen einer dünnen, aufgeregt schmetternden Musik. Standarten, Fahnen in schwärzlichem Gold und verblichenen Seiden schaukelten, Soldaten salutierten, Amtspersonen in Schwarz hatten sich aufgestellt. Und jetzt erschienen im Ausstieg die roten Röcke, die mich morgens in Erstaunen gesetzt hatten. Die Röcke betraten den Steg, dann schritten sie feierlich, mit gezückten Pallaschen und glänzenden Schnurrbärten herab. Eine Eskorte, aber wer bekam ein so stattliches Geleit? Ein Abstand, und dann erschien ein bescheidener Mensch, mittelgroß, in einem nüchternen Anzug. Der Mensch trug vorsichtig vor sich her ein rotes Plüschkissen, auf dem Plüschkissen einen kleinen, nicht recht erkennbaren Gegenstand. Köpfe entblößten sich, Fahnen grüßten, dringlicher schmetterte die Musik. Dem Gegenstand auf dem Kissen galt offenkundig das Gepränge. Denn noch einmal kamen hinter dem Kissen Rotröcke, noch mehr dienendes Gefolge hinter ihnen. Es war ein geweihtes Öl, ließen wir uns sagen, ein Fläschchen geweihten Öls, das so feierlich empfangen wurde. Es kam aus Rom. Es war samt seinem Geleite die Nacht über mit uns gereist.

Morgen in Trapani

Als wir auf das platte Dach traten, war die Sonne herauf, und die Stadt, auf ihrer Landzunge eng aufgeschlossen, streckte sich unter uns in einem kalten, kalkigen Weiß ohne Schatten. Rechts das Leere, und Leere links, die Stadt dazwischen, kantig und würfelig, hochgepreßt, oben schnittgerade, dahinter das Meer blau leuchtend wie ein Eisvogelbalg. Nur Kuppeln mit hohen Laternen und spangrünen Hauben durchschossen die Horizontalen ein paarmal. Ganz fern schwammen auf dem Meer Inseln so dünn und hauchig wie Rosenblätter.

Das Weiß der Stadt war streng, ohne Augen, da und dort grau unterlaufen; ein Strich Rosa, ein schmächtiges, schmutziges Gelb; aber kein Grün kam auf außer dem fahl leuchtenden der Kuppeln. Es war kalt, obwohl die Sonne in unserem Rücken flammte, und der Wind sauste im Gehör.

Alle die Dächer bildeten einen blendenden Steinhaufen, der in sich zwar vielfach getreppt und gestuft war, aber fest zusammenhing. Nur zwei tiefe, klaffende Spalten sprengten die Masse und trieben sie auseinander, Straßen, die von uns fortliefen, sehr weit fort, bis sie plötzlich im Leeren endeten, jede mit einer Kerbe, in der das Meer leuchtete. Neigten wir uns über die Brüstung, um in die Straßenschluchten zu blikken, so sahen wir sie unter uns, und noch kein Strahl Sonne fiel in den Grund.

Der Grund lag in einem eigentümlichen, bräunlichen Dämmern. Das Dämmern staute sich und stand wie eine Flüssigkeit bis unter den Rand. Stickig und lau, sehr tief ging es hinab, und die Schlucht schnurgerade, und die Tiefe wimmelte von Leben. Kein Laut aus dieser Tiefe erreichte uns, obwohl die Bewegung unten heftig war: so als blickten wir durch ein dickes, dämpfendes Glas. Nur wenn wir uns in den Windschatten bogen und den Kopf drehten, stieg dumpfes Getön auf, Wirbel, Gestampf und die seltsam dünne, aber durchdringende, atemlos schmetternde Musik, die wir kannten. Es war die gleiche Musik, welche die ganze Nacht lang, bald näher, bald ferner, plärrend, leise schütternd durch unseren flachen Schlaf gegeistert war.

Denn die ganze Nacht über war durch die Schluchten der Stadt, durch die braune, erschlaffende Luft der Straßen die Prozession unterwegs gewesen und bewegte sich fort und fort. Sie schleppte sich in den Tag hinein, dünn und grell angefeuert, und hatte den langen Tag vor sich und noch eine zweite Nacht unaufhörlichen Wanderns. Wir sahen Alleen von Kerzen mit bräunlichen Zungen hinziehen und sahen Hügel von Blumen schwanken, ruckweise schwanken, nikkendes Blumengebüsch. Schwarze Bilder, flammend rote Bilder, dunkle Figuren, auf Atlas in Glassärgen ausgestreckt. Verzückung und Qual, ausladende, wilde Gebärden durch Blütengarben. Siegreiche Fahnen, schaukelnde Standarten wie Schmetterlingsflügel. Unter der Wucht der Gerüste, auf denen Figuren sich wanden, unter den Thronsesseln, unter den tragbaren Blumengebirgen mühten sich Menschen. Sie zappelten wie Ameisen unter ungeheuren Lasten. Manchmal sah es aus, als kröchen die Straße aufwärts riesige, schwerfällig zuckende Tiere, die nur mühsam ihr eigenes Gewicht von der Stelle schoben. Alle paar Augenblicke knickten sie ein und blieben eine Weile liegen. Dann schienen sie Atem zu holen, und plötzlich erhoben sie sich wieder, krochen eigentümlich tänzelnd, schlenkernd, in einem brünstigen und ängstlichen Erbeben vorwärts. Qual und Zittern, Furcht und Beschwörung in jedem Aufstehen. Wir kannten die kurzen, halb schlürfenden und halb hüpfenden, seitlich ausscherenden Doppelschritte, in welchen die Träger unter ihren Lasten zu gehen hatten: vier kurze und zwei gemessenere der Bläser, den seltsamen Tangorhythmus der klagenden und rufenden Instrumente. Endlos schleppten die Züge sich hin, zuckten und rasteten. Wir unterschieden die Vermummungen der Zünfte, stumpfblaue, brennendrote Kittel, weiße

Binden, Kappen mit lang schlenkernden Zipfeln; Fackeln, Stangen, Wachsstöcke, Larven mit schwarzen Augenlöchern, sackartige Hüllen, die wie Maden hinkrochen, bewegten sich. Es rief, es rief aus den Schluchten, aus den mühseligen, übernächtigen, quellenden Zügen. Staubig, lechzend, schrill füllte die Musik die Gassen und stieg manchmal über die Ränder. Der Wind kam, der oben im Blauen wütete; er fegte sie ab wie Schaum.

Palermitanische Kirchen

Die beiden kleinen, dicht benachbarten Heiligtümer der normannischen Zeit, San Cataldo und die Martorana, lockten uns morgens. Um diese Stunden waren die Straßen noch wenig belebt, aber vielleicht gesprengt mit Wassergüssen, so daß die brackige Luft in ihnen, die auch über Nacht nicht abkühlte, von ein paar Adern Frische durchronnen war; es roch: Lorbeer und Wasserschleier, Höhlengerüche, brandiger Staub, Hundshaare, bittere Apfelsinen, und das ging und kam. Dann die ersten, noch florigen Händlerschreie, auf den kleinen Plätzen noch Schatten. Drinnen aber, ehe die Reisegesellschaften angeliefert wurden, die Fülle der Nacht hoch gespeichert, unabgeronnen, die Stille noch nicht verjagt, alles Erwartung, viel Mitteilung, lauter Gewähr.

An Glanz, an Anspruch, an darstellender Kraft stehen andere Zeugen der Normannenherrschaft diesen bescheidenen Bauten voran, Palast und Palastkapelle, der riesige, wenngleich entstellte Dom, die Dome in Monreale und in Cefalù. Eine Ahnung, freilich nicht mehr, traumhaften Schwelgens, eines Daseinsprunkes in irdisch erschaffenen Palmen- und Goldgrotten-Paradiesen, wittert aus den fast ganz getilgten Spuren der alten Lustschlösser und Residenzgärten in der Conca d'Oro betäubender. Aber unser Gefühl wäre ärmer ohne die kleinen Kirchen, die Zufall oder ergreifende Bewahrung so dicht nebeneinander das alte Palermo hat überdauern lassen, eine winzige Insel, zu der auch das schwärzliche Kliff der ältesten Mauer gehört; auf ein paar Schritt Länge stößt es noch, dunkel verwetzt, unbeachtet, durch den Asphalt. Damals reichte noch der Hafen bis hier herein, heute ist es die Mitte der Stadt.

Wir besitzen die beiden Bauten nicht in ihrem ursprünglichen Zustand. In barocker Überkrustung steckt die Martorana eingebacken wie eine Druse, die es im gröberen Stoff zu entdecken gilt. Aus San Cataldo ist die Verkleidung des Inneren dahin. Geblieben ist die Reinheit, die glühende Strenge des Außenbaues.

Der Steinkörper von San Cataldo, dieser Quader mit nichts auf seiner Außenhaut als den paar mageren Wandblenden, von nichts durchbrochen als den wenigen Fensterluken, die mit ihrem hohen Ansatz, ihren Füllungen aus steinernen Filigranen mehr verwehren als sich öffnen, in der Höhe der Zinnenbord und die bienenkorbartigen, seltsam gedrängten Kuppeln: das ist Orient, Sarazenenschöpfung, es ist das Ausgezehrte, das Kahle und Strenge der Wüste im Widerschein, in der Abwehr, im Sichverschließen. Aber in der Wüste Oasenwerk: das Murmeln von Quellen ist zu hören, ein verwirrendes, üppig betäubendes Dämmern scheinen diese kantig geschnittenen Steine zu umschließen.

Dieses Innere treffen wir indessen nackt an; die Ausstattung ist verloren, der Mosaikbezug auf Wänden und Wölbungen soll unter den Spaniern fortgehämmert worden sein. Wir finden nichts vor als das Hausteinwerk, exakt und kahl. Im Plan der Erbauer lag es nicht so; indem nun aber das Ganze unverkleidet, gemessen und gezählt, jeder rechte Winkel, jede Bogensetzung und Übergangsführung in Trompe und Haube, dieses ganze Fugenwerk in kühlem Lichte, im Grau des gewachsenen, mit Händen zugerichteten Steins offenbar wird, ist es unseren Augen willkommen. Ist es Armut oder Vorzug, daß wir so zu sehen vermögen? Der Gedanke erscheint unverhüllt, ohne Traum. Das Anfängliche ist uns nahe.

Martorana ist der Adelsname eines späteren Klostergründers. Mit ursprünglicherem Recht heißt die Kirche Santa Maria del Ammiraglio. In solchen Namen wird ein Stück Wesen des Normannenreiches gegenwärtig. Der zweite Roger, Seeräubergroßenkel, Sproß von Fjordleuten, von Bauern und Fischern, die Wikinger und deren Abkömmlinge in ein paar Generationen zu fränkisch redenden Baronen geworden sind, er wiederum diesem zweiten Stammland entwachsen und nun zwischen Orient und Okzident der fabelhafte König eines auf das Schwert, auf Treue und List, auf Vertrag und herrenmäßige Liberalität gegründeten Machtgebildes, hat im Dienst einen Flottenchef, der nicht bloß ein Militär und Seemann, sondern ein gebildeter Grieche ist. Dieser Georgios aus Antiochia baut seinem Glauben eine Kirche von rein byzantinischem Gepräge, er darf es und soll es sogar, denn die normannischen Herrscher, trumpfend im Kräftespiel zwischen Kirchen und Reichen, haben keinen Grund, nicht auch griechischen Glauben in ihren Schutz zu nehmen, so wie sie die Moscheen dulden. Verwunderlich genug schießen auch in dieser Admiralskirche die Substanzen des Insel- und Küstenreiches zusammen, die antiken Säulen mit den Kompositkapitellen, an denen der Akanthus sich rollt, so wie er draußen grün steht, dann das überkuppelte griechische Kreuz, dessen Arme sich in Halbrunden schließen, die goldgründigen Mosaiken der Byzantiner, die sarazenischen Trompen, und plötzlich, an dem Turm draußen, dessen erstes Obergeschoß noch eben mit arabischen Kerbmotiven schloß, ein nächstes Geschoß mit den Zügen der Kathedral-Architektur von Laon, ein Zeichen aus Norden und nach Norden gegen das grüne, neblige Stammland hin.

Unter der barocken Kruste die mattfunkelnde Goldhöhle: ihre Maße sind bescheiden, menschlich, fast zellenhaft, wenn man das Zugewucherte an Raum in Abzug bringt. Keine Halle, um in ihr voranzuschreiten, nicht Wandelgänge und Prozessionsstraßen, eher ein Ort, um darin zu knien. So hebt sich auch der Pantokrator nicht wie in Monreale, in Cefalù am Ende langer, auf ihn ausgerichteter Bahnen auf, er schwebt richtungslos in der Mitte über allem und zu Häupten. Das tektonische System von Bogen, Kuppel und Gewölben entspricht dem benachbarten von San Cataldo, doch zieht hier sich die Goldhaut der Mosaiken über den rüden Stein. Die Mosaiken sind behandelt wie ausgehangenes Teppichwerk, das nicht durchweg dem Bau auf den Körper geschnitten ist; es schleift geschmeidig über Kanten hin und zieht sich über Ecken. Dicht reihen sich die Bilder, Köpfe blicken aus Medaillons, Gebärden rühren sich, in der Felsenhöhle die Geburt, blauer Mantel, griechische Lettern schwarz eingesetzt, da und dort ein Goldsteinchen auffunkelnd und verstäubend wie an flimmernden dunklen Himmeln. Zwei Mosaiken, Reststücke eines größeren, zerstörten Zusammenhangs und von ihrer alten Stelle versetzt, bekommt man nahe vor die Augen: der bärtige Roger, wie Christus ihm mit eigener Hand, von Gottes Gnaden also und unmittelbar, die Krone aufs Haupt setzt; zu Füßen der Maria in Proskynese der Grieche, der die Kirche erbaut hat.

Über die Ränge der Evangelisten und Propheten geht es hoch hinauf in den Kuppelraum, in die Zone der Erzengel, zuhöchst zu dem Pantokrator in seinem Reif aus griechischen Zeichen. Dort oben ist der Raum nichts Ausgespartes, sondern Körper, das Schweigen unüberwindlich und voll Gestalt. Der seltsame Dienst der Erzengel, das Waagerechte ihrer Leiber wie von Tierleibern, dieses völlig Unnachahmliche, nicht zu Vollziehende ihrer Bewegung erschreckt, es besagt Un- und Übermenschliches. Kein Rot dringt dort durch, auf dem Gold stehen schwarze, weiße und blaue Fiederungen, ein Grün spielt ein, kühle, geistige Klänge.

Schließen solche Bauten nach oben mit einer Mehrzahl von Kuppeln, so entsteht durch die Weise, in der diese sich drängen, ein seltsamer Eindruck von Üppigkeit, auch wenn die Außenhaut schmucklos bleibt. Ein Überdruck an Raum scheint sich kaum gebändigt zu entladen, und in dem kreisenden Nebeneinander empfindet das Auge etwas, das auch die Sprache mit einer Pluralisierung bewirkt, wenn sie »die Himmel« sagt. Die rosa Bemalung des Äußeren gehört zu ihnen und scheint auf Überlieferung gegründet; weiß die Kuppeln der Moslemin, rot die der Christen, so sollen es die Normannen verfügt haben. Mit solchem Reichtum muß das alte Palermo, von Gärten eingehegt, einen berückenden Anblick geboten haben.

Fünf von diesen rosafarbenen Kuppeln reihen sich auf San Giovanni degli Eremiti. Eine ausgeräumte Moschee stößt daran, und in kleinodhafter Zierlichkeit ist der winzige, edel gehauene Kreuzgang unter offenem Himmel erhalten. Das ganze Anwesen liegt in die üppige, spendende Milde eines Gartenwuchses eingebettet, beschirmend und selbst beschirmt. Es ist ein Ort, an ihm einen Tag zu beschließen, eine Abendschönheit.

Zu den Muttergottheiten steigt man gewöhnlich in die Höhlen. Am Fuß des Bergs Eryx flimmert die Küstenkruste vom unfruchtbaren Salz, und ungeheuer, ungastlich steigen die Wände des Riesenturms, der meerbeherrschenden Festung in die Wolken. Und doch saß auf ihm kein Donnerer, keine Männergottheit. Immer hat er einer Großen Mutter gehört, einer römischen, griechischen, punischen, phönikischen, elymischen, einer Venus, Aphrodite, Astarte, Ischtar und wer immer sie vor allen den Namen, die wir kennen, war. Nie recht griechisch geworden, dieser äußerste Westen der Insel, der ihr Osten ist, Aphrodite selbst keine urgriechische Göttin. Eryx hieß ein Sohn der Aphrodite, den sie von einem der Argonauten hatte und der über die Elymer herrschte. Immer besteht die Verbindung vom Eryx zu Segesta, der Verderberin ihrer griechischen Nachbarn. Aber Aphrodite ist auch die Mutter des Äneas, den man in Rom als Ahnherrn in Anspruch nimmt: ein Grund, Segesta wieder aufleben zu lassen, eine verspätete Vergeltung für Trojas Brand, und die Große Mutter auf dem Eryx weiter zu ehren.

Aus den Abhängen sieht man hinab auf die weiße Stadt Trapani, als eine Sichel – drepanon – hinausgekrümmt in die alten Reeden und Schlachtgründe römischer und karthagischer Flotten, auf Molen, Werften und die Lagunen-Labyrinthe der Salzpfannen mit flügeldrehenden Mühlen, auf Kaktusdickichte, Feigengehölze und Bambusfahnen, auf die dachlosen, würfligen, afrikanisch anmutenden Gehöfte des grünen Hinterlands. Es ist eine alte Erfahrung und immer neue Überraschung, daß eine Bergmasse Landschaften trägt, deren Fläche um ein Vielfaches größer ist als die Grundfläche, die der Berg bedeckt. Während es also von unten scheint, man habe nur einen Klotz vor sich, nackt, einförmig, wenn auch gewaltig, tritt die Straße, die den Berg angeht, weit ausholend in Eryx-Landschaften, wechselnde, bald behaglich bewohnte, bald wüste Landschaften, die sie alle durchsteigen muß. Endlich begibt sie sich in die Wand und nimmt sie zäh kletternd, unzählige Kehren, eine fast senkrecht über der andern.

Es geht von der Meeresebene in einem Anlauf auf nahe an achthundert Meter. So wechselt die Bewachsung, und die Luft ändert sich. Nähert man sich dem oberen Bereich, hängen im Fels duftende, heftig bunte Kissen, dazwischen nackte Schroffen, Weidebänder, Mulden, in denen Pinien- und Kiefernwäldchen hocken. Auf dem Gipfel liegt die kleine, entkräftete Stadt Erice, lautlos, wo nicht Fremde da sind, mit abgekehrten, versperrten, meist nur noch als Sommersitz vermieteten Häusern. Steinerne, reinlich gefegte Höfe, Zisternen; die Steine der Gassen kunstvoll, mit unendlicher, mühseliger Geduld zu Mustern gesetzt. Nur ein stadtbewohnendes Volk, das eng sitzen will und dem Gasse und Hausflur eins sind, wendet solche Sorgfalt auf. Es ist ein Anstieg von Stunden. Undenkbar war es dafür, hier überfallen zu werden.

Unten im Land war der Tag schlapp und schwül gewesen, voll von stockenden Gerüchen, schleierig verhangen. Hier aber sauste es um wild auskragende Kliffe und regenzerwaschene Kalktürme. Er roch nach den Kiefern, deren Zapfen sich in den Runsen sammelten, Efeu hing bärtig, und die Falken und Dohlen lärmten. Der Wind riß das Wort vom Mund und fuhr kalt um die Mauerkanten, formlose Dunkelheit schoß heran und hüllte den Berg ein, wir saßen in der Wolke; Regen flutete. Wasserwände standen und brachen ein, dazwischen Lichtblitze durch Spalten, endlich strömendes, unanschaubares Licht. Mit einem Schlag Sonne, eiskalte, flammende Himmelsleere; rauchend zog sich die Wolke vom Berg, der Weg rauchte, Lorbeer und Föhre troffen.

Jetzt war der Ausblick unverstellt, im genauen Sinn unendlich: horizontlos das Meer, im opalisierenden Dunst verfließend. Große, muschelig schimmernde Flecken spielten auf der Fläche, und Schiffe standen verloren, winzig klein im Grenzenlosen. Nach der anderen Seite tiefes Blau, ein Fleck funkelnden Kobaltgrüns, weiße Schnüre von Brandung. Über dem Berg Cofano wuchs ein doppelter Regenbogen vor der entfliehenden Wand.

Das also war der Sitz der Göttin. Nahm man die Luft, die Salzluft, die Regenluft, die bittere Lorbeer- und Kiefernluft, den feinen Rest von Gewitterschwefel und Eisnadeln, so schien dies kein Ort schlimmer Dienste, wie man sie der Göttin nachsagte. Keine verbuhlte Luft: in dieser strahlenden und stürmischen Helle schien eine strenge Herrin eher als eine zügellose zu Hause zu sein. Die Falken schrien, und das Land war sehr grün geworden.

Das Debüt

Unter den Segenscharakteren der Liebe rühmen die klugen Leute von jeher den, daß es einem Spendenden anders nicht gelingen darf, höchste Freuden auszuteilen, als indem er selber die höchsten nimmt. In der weitaus niedrigeren Region des Essens und Trinkens wird Entsprechung selten sein, denn gemeinhin ißt jeder in den eigenen Magen. Doch brachte es Neß, auch wenn sie den eigenen Genuß dabei ziemlich übertrieb, einmal fertig, Dritte glücklich zu essen. Neß sagte: »Heute spiele ich nicht mit.«

»Was nicht?«

»Das Touristenessen. Du weißt so genau wie ich, daß es heute zwischen Turin und Sciacca für Fremde nur ein einziges Essen gibt: Suppe, ein Stück Fleisch mit pommes frites, folgend eine Apfelsine, dies gestern, heute und morgen. Ich will einfach nicht mehr mitspielen.«

»Sehr gut«, sagte ich, »wir wollen eine Spelunke aufsuchen. Was willst du in der Spelunke antreffen, Neß?«

»Dicke Bohnen in Öl, Safran mit Kumuluswolken. Meerspinnen, anständig mit einer Zehe Knoblauch gerieben. Oktopoden am Horizont. Rote Pfefferschoten. Jedenfalls etwas für Matrosen, auch Schweinehirten.«

Schon einige Zeit schnurrte ein Junge dringlich unter mir: »Signore, Signore, Signore.« Aber so schnurrt mancher Junge in Palermo. »Was denn?« sagte ich und las einen Zettel in meiner Hand. Der Zettel war nicht übertrieben weiß, mit einer Schere zugeschnitten und bekritzelt mit einer schwungvollen, aber nicht allzu geübten Handschrift. Die Schrift hieß: »Mangiare bene, trattoria del Garofano. Gianni Luccio, prop. – Prezzi moderati.« Straße und Nummer folgten. Die Nummer hieß neunzehn, und der Junge, solange ich las, trippelte aufgeregt auf seinen Zehen.

»Genau das«, sagte Neß, »wird unsere Spelunke. Neunzehn klingt immer gut.«

»Eine Trattoria«, sagte ich, »die mit Handzetteln wirbt, ist als Spelunke unverläßlich. Sie geht ja auf Fremde.«

»Zettel? Ha. Mit solchen Zetteln fängt man keine Fremden.«

»Außer dir.«

»Schäme dich. Hältst du mich für eine Fremde?«

Augenblicklich hatte sich der Bote vor uns gesetzt. Wie ein Kaper, der starke Prise einbringt, umlief er uns und sorgte, daß wir auf Kurs blieben. Es war eines der Viertel, in denen sich Neß gerne aufhielt, indem sie vorgab, sie sei dort zu Hause wie in den niederen Quartieren Karthagos, durchaus punisch – obwohl sich leicht nachweisen läßt, daß Neß das alte Karthago nie kennengelernt hat. »Harun al Raschid«, sagte Neß, »oder auch Chaireddin Rotbart gehen hier in Verkleidungen unters Volk.« – »Du bringst alles durcheinander«, sagte ich. Die Gasse stieg an, sie war hart gepflastert, eine fensterlose Gasse mit entkräfteten Katzen und Unratflecken, mit einem verdorrten und ausgebleichten Palmwedel in der Höhe.

»Von mir«, sagte ich, »kam die Anregung nicht, hier mitzugehen.«

Plötzlich schoß unser Bote in ein Türloch, um das ein Stück Mauer sauber und grünlichweiß gekalkt war. Ein wackliger Tisch, rosa gedeckt, war so weit in die Tür gezogen, daß er mit zwei Beinen auf dem Pflaster stand. Innen patschten die Sohlen unseres Wegweisers aufgeregt. Es war finster drinnen.

Als unsere Augen sich gewöhnt hatten, standen wir auf steinernem Boden und zwischen hohen, gleichfalls frischgekalkten Wänden. Ziemlich hoch glomm eine elektrische Birne dünnfädig vor einem Madonnenbildchen, das wie Zuckerkand glitzerte. Ein paar Nelken waren herumgesteckt, wunderbare Nelken aus Draht und gewachstem, lebhaft getöntem Papier, vielleicht jene, die dieser Trattoria den

Namen gaben. Zwei Tische standen auch innen gedeckt, und der einen Wand entlang standen Stühle aufgereiht.

Dann stürzte aus einer weiteren Höhlung ein Mensch gegen uns. Im Gegensatz zu dem Boten, den er nach uns ausgesandt hatte, sah dieser Bewohner ordentlich hergerichtet aus. Fuhren auch seine Füße in Pantoffeln daher, steckte doch sein schmächtiger Körper in einer weißen Jacke, die dem Anschein nach neuerdings gewaschen, aber vielleicht davon nicht ganz rein geworden war. Sie sah aus, als wäre sie einmal eine gute, weiße Kellnerjacke gewesen und hätte dann am Gestäng eines Kleidertrödlers manchen müßigen Griff dulden müssen. Der Träger dieser Jacke mußte noch sehr jung sein, stark aufgebogene Ohren, die einen angestrengten Eindruck machten; darüber trug er das Haar zu einer Bürste geschnitten. Ohne ein Wort riß dieser Mensch blitzschnell die Stühle auseinander. Im Augenblick entwikkelte sich eine Reihe von Handlungen bestürzend um uns.

Er warf sich auf unseren Tisch, mit seinem ganzen Gewicht prüfend, ob der Tisch festen Stand habe, und obwohl der Tisch durchaus fest stand, tauchte der Mensch schon hinab, lag auf den Knien und befestigte etwas unten, um unseren Tisch zu sichern. Er wirbelte Gläser herum, die sauber gestürzt dastanden, und rückte sie zurecht, unverständlich schnell jedes mit einer drehenden Bewegung ausreibend. Er stürzte aus der Tür in eine Tür gegenüber, und als er wieder auftauchte zwei Sekunden später, fegte eine Druckwelle dröhnender Musik hinter ihm. Offenbar war diese Druckwelle zu unserer Erheiterung ausgeliehen. Zwei Gläser, die eng aneinander standen, klirrten ängstlich. Katzen stelzten herein und nahmen Platz, indem sie geziert den Blick abwandten. Endlich, aus gehörigem Abstand und so, als fände er jetzt erst zu Worten, deutete unser Betreuer an, daß er unseren Auftrag erwarte. Er fand übrigens nicht zu Worten, aber doch rang er darum. Offenbar hatte er mit einer Hemmung des Sprechvermögens zu kämpfen.

»Nun gut«, schrie ich, so gut es ging, »was gibt es zu essen?«

Er brachte nichts heraus, aber dann sprudelnd, ganz erleichtert: »Was Sie wünschen, mein Herr.«

»Was wollen Sie uns anbieten?«

»Wir haben Spaghetti.« Und nach einer Pause: »Sehr gute Spaghetti, mein Herr.«

»Dies Programm«, sagte ich zu Neß, »ist neu. Es scheint eigens für dich entwickelt.«

»Spaghetti«, sagte Neß schnell, »wollen wir natürlich haben. Fangen wir mit den Spaghetti an.«

»Nie kennt man sich bei dir aus«, sagte ich zu Neß.

»Ich habe nie etwas anderes behauptet, als daß ich Spaghetti essen will. Ein unglaubliches Gelüsten auf Spaghetti habe ich.«

Wir blieben allein, und der Lautsprecher schmetterte seine Brandung von Geräusch gegen uns. Die Brecher flossen tosend durch die Türlücke. Ohne diese Musik hätten die Menschen uns vielleicht in Verlegenheit gesetzt; denn durch die Tür kamen jetzt nacheinander Menschen. Wären es Gäste gewesen, hätten sie uns nicht zu verwundern brauchen. Aber offensichtlich hatte niemand den Vorsatz, in der Trattoria gleich uns zu speisen. Erst war es ein Rudel Kinder, das hereinstieß und stehen blieb, uns starr anblickend. Mehrere Frauen kamen, dann ein älteres Paar, das zusammen anrückte, endlich ein sehr alter Mann allein, der an einem Stock ging. Sie alle waren angezogen wie Leute dieses Viertels. Sie kamen über die Straße und setzten sich umständlich, so weit der Platz reichte, auf die Stühle uns gegenüber. In der Lärmflut saßen sie, schweigend, und sahen uns an.

Der Kellner schoß wieder herein, und sobald er auftauchte, merkten wir, daß dies nicht unsere, sondern seine Zuschauerschaft war. Voll von Zuschauern war der Raum, und er holte aus und flog. Er flog mit gebreiteten Ohren, hatte einen wunderbaren Schwung. Schon brachte er Wasser, fegte davon. Er brachte Wein. Die Wasserflasche war von Kühle schön betaut. Der Wein war nicht übel.

Aber kaum hatten wir eingegossen und den Wein probiert, kamen die Bestecke. Unser Kellner hielt die Bestecke geschickt in seiner Hand, er teilte sie aus, indem sein Daumen in die Mulde des Löffels griff, er faßte die Gabeln bei ihren Zinken, legte alles zu unseren Händen. Nun die Spaghetti, hoch aufgehäuft in den Tellern. Schwungvoll gegen uns: jeder Griff sagte: seht, ich bediene Gäste.

Es war eine große Menge Spaghetti, und wir brauchten lange und mußten auch bald von dem Wein nachbestellen, damit wir mit so vielen Spaghetti fertig werden konnten. Aber wir aßen gehorsam, und sobald Neß auch fertig war, kam der Kellner wieder heran. Er sagte nichts, aber undeutlich war zu spüren, daß wir jetzt an eine spannende Stelle kamen. »Iß du weiter«, sagte ich zu Neß, »von mir kannst du nicht mehr verlangen.«

Der Kellner war immer noch an seiner spannenden Stelle. Die Zuschauer hatten sich aufgerichtet. Die Musik toste herein. Neß rief laut: »Was geben Sie als zweites?«

Auf einmal ging es ganz glatt. »Ich mache Ihnen bistecche, Signora. Sehr gut bistecche haben wir.« – »Mit patate frite?« sagte ich. »Ecco, Signore. Mit patate frite.«

»Ausgezeichnet«, sagte ich zu Neß. »Du kommst auf deine Kosten. Dies ist ein gebildetes Haus.«

»O ja«, sagte Neß mit einer Stimme, die voll Nichtachtung für mich und voll Herzlichkeit für diesen jungen Menschen war: »Das ist ganz ausgezeichnet.«

»Bringen Sie davon eine Portion«, sagte ich.

Er gab sich Mühe, offensichtlich enttäuscht, kam nicht durch. Neß sagte laut: »Selbstverständlich zweimal.«

Die Spannung bei den Zuschauern löste sich. Es war ein Nicken aufgekommen, ein Murmeln. »Was ist eigentlich los mit dir«, sagte ich zu Neß.

»Wenn du ein bißchen was merktest«, sagte Neß, »so hättest du längst heraus, daß dies ein Debüt ist. Per Zufall sind wir hier erste Gäste. Da willst du Spaghetti essen, zahlen und deiner Wege gehen? Egoist. Schäme dich«, sagte Neß.

»Das ist sehr schön geworden«, sagte Neß laut, damit sie zu hören war. »Wo haben Sie denn gelernt, Padrone?«

Er verbeugte sich tief. Dann: »In Brindisi. Ja, in Brindisi, Signora.«

»Brindisi ist ein sehr angenehmer Ort.«

Er sagte nichts, flog in Bögen durch sein Lokal, und alles an ihm wies aus: Ich bin ein Wirt. Dies ist keine Kneipe, in der man einen Teller Spaghetti ißt, zahlt und geht. Hier nimmt man Mahlzeiten ein wie in einer echten Trattoria. Fremde kommen zu mir. Ich werde mit »Padrone« angeredet.

»Padrone«, rief ich laut, »bringen Sie noch einmal von Ihrem Wein, Padrone.«

Wir brauchten noch einmal ziemlich viel Wein, um auch mit den Beefsteaks fertig zu werden, und zum Glück hatten wir ja außerdem die Katzen.

»Wer führt Ihre Küche, Padrone?«

Er kämpfte lang, steifte die Ohren, errötend: »Die Padrona«, sagte er, als ob er jederzeit »die Padrona« gesagt hätte, »die Padrona besorgt das.«

»Ich möchte auch die Padrona sehen«, sagte Neß, »weil sie so gut für uns gekocht hat.«

Es erwies sich, daß die Padrona leicht herbeizuholen war. Ganz augenscheinlich hatte sie hinter der Ecke gestanden, schicklich verborgen, aber doch so, daß sie am Lauf der Dinge ein wenig teilnahm. Jetzt mußte sie hervor und erschien klein und schmächtig von Ansehen, oben mager und am Leib nicht dick wie eine Köchin dick ist, sondern wie eine, die gerade für zwei essen muß.

»Diese Signora«, erläuterte ich, nachdem Neß allerlei gesagt hatte, »möchte Ihnen sagen, daß wir es in keinem Hotel der Stadt hätten heute anders haben können.«

»Oh«, sagte das Frauchen erfreut, »tante grazie.«

»Frutta«, sprudelte der Padrone siegreich und brachte gewandt die Apfelsinen, jede auf ihrem Teller, und er brachte die Messer in seiner Faust, faßte sie an der Schneide, legte sie uns zurecht. Aber das war noch nicht alles. Noch etwas hatte er uns und allen Zuschauern anzubieten. Er kam, holte tief aus und hörte auf. Dann, siegreich aufs neue: »Ich«, sagte er, »möchte mir erlauben«, fuhr er fort und endete mit neuem Anlauf. Und wieder beginnend: »mir erlauben, die Herrschaften zu einem Gläschen Dolce einzuladen. Die Herrschaften waren meine ersten Gäste.«

»Was Sie nicht sagen«, rief Neß ungläubig. »Padrone! Kein Mensch würde das von dieser Trattoria denken.«

»Wir können dies«, sagte ich, »nur annehmen, wenn auch Ihre anderen Gäste mit uns trinken werden. Natürlich auf unsere Rechnung.«

Die Szene ging jetzt ganz in Glanz über und löste sich endlich darin. Der Wirt konnte eben noch einschenken, aber kaum daß der Dolce das zweitemal nachgefüllt war, hatte das Gewühl in der Trattoria überhand genommen. Undeutlich viel Volk drängte sich zu den Tischen. So schnell mußte durch unser Beispiel der Ruf dieser Trattoria sich verbreitet haben, daß wir im Gedränge sogar schon Personen von Stand wahrnahmen, die sich zur Küche Gianni Luccios und seiner Padrona drängten. Schon waren der spanische Vizekönig, Don Pedro de Toledo, und mit ihm der Erzbischof Walter of the Mill eingetreten, sich begierig nach Plätzen umsehend. Mehrere Verwandte der Hauteville saßen schon. Ich grüßte am Tisch hinter Neß den Admiral Georgios, der recht hungrig schien. Obwohl das Mosaik, das in seiner Stiftung, der Martorana, ihn demütig hingeworfen zu Füßen der Panagia zeigt, nicht allzu viel von seinen Zügen preisgibt, gönnte ich mir dennoch keinen Zweifel über seine Person. Selbst zwei Gendarmen in Uniform hatten sich unweit von ihm eingerichtet. Schutzleute wissen ja immer zuverlässig, wo vorteilhaft gegessen wird. Nicht lange, so glaubte ich sogar Chaireddin Rotbart zu erkennen, den Neß immer durcheinander brachte, nicht in Uniform natürlich, sondern inkognito im Gewühl, wie er draußen stand und neugierig zu uns hereinspähte. »Von hier an lügst du gewöhnlich«, sagte Neß, mich unbarmherzig musternd. »Der Sultan saß schon von den Apfelsinen ab da. Ich kann mich genau besinnen. Er hatte den Kragen offen stehen, als du den Wein bestelltest.«

»Und du«, sagte ich, »bringst immer alles durcheinander. Wer hat mit dem Lügen angefangen? Und bei dir war es nicht einmal ein Debüt.«

»Egoist«, sagte Neß verächtlich.

Am Stadtberg von Segesta

Am leeren Hange des Stadtberges von Segesta hielten wir an und blickten gegen den Tempel zurück. Der Tempel lag jetzt weit von uns und tief unten. Wir hatten einen grauen Tag und am Himmel ein gestaltloses Wallen, das in spärlichen Augenblicken mit perlmutternem Schimmern aufriß. Dann ließ es eine flüchtige Sonne durch. Das Land war trocken; wo aber das Licht einfiel, schien es nicht nur farbig, sondern auch tauig feucht. Ein Fleck Lichts war nun also auf den Tempel gefallen, richtete ihn steil auf und entwarf seinen Schattenschlag. Es gab nichts in der kahlen, kräftig geschwungenen Landschaft, an dem der Tempel gemessen werden konnte. Er konnte klein oder riesig groß sein.

Wir waren durch Disteln, durch magere Saat gegangen, über Geröll, an Hangstufen, auf Streifen von alten Wegen, die sich im Bodengestrüpp verloren, vielleicht Pflaster, vielleicht ausgefräster Fels, auf Heidnarben, auf Weidewechseln. In Mulden, zwischen Haufen von Lesesteinen lagen Henkel und Scherben mit unscharfen, längst verschliffenen Rändern, verbleicht, von schwärzlichem Grind beschlagen. Unter Gestrüpp im Stein eine tiefe, runde Bohrung, auf Schrittweite gegenüber eine zweite: hier haben sich Angeln gedreht, über die Schwelle ist Leben gegangen, vielleicht viele, vielleicht lange Leben, nützlich und vergeblich. Löcher im Hangschutt, ein paar rechtwinklig behauene Steine, ein paar Gräben, von Brombeeren ganz verfilzt, das ist alles von Segesta. Dann noch, auf seiner höchsten Höhe, das Theater.

Segesta, weder punisch noch griechisch, eine Bergstadt, keine Stadt von Seefahrern und doch im Besitz eines Hafens, über einer Ebene mit Skamander und Simoeis, nach Herkunft und Anspruch auf Feindschaft zu den sizilischen Griechen verwiesen, deren Gesittung es angenommen hat: was soll es sein, wenn nicht eine Gründung verschlagener Troer, zu später Rache an den Zerstörern Trojas angelegt? Es hält sich nicht anders denn durch Täuschen und durch Wägen, durch die Zwietracht, die es sät und schürt. Zwischen den Lagern wartet es ab, lauernd. Endlich die Gelegenheit: gegen die Griechen müssen Griechen heran, ihre beiden größten Mächte sollen sich zerfleischen. Vorerst aus Athen Beobachter, deren Auftrag es ist, die Leistungsfähigkeit dieser möglichen Bundesgenossen zu prüfen. Die Entsandten entwerfen ein vorteilhaftes Bild: ein Haus ums andere hat sie bewirtet, prunkvoll bewirtet, alles lässig, schwer reich, herrliche Tafelgarnituren Haus um Haus. Nur eins kommt nicht heraus, daß es ein und das nämliche Festgeschirr gewesen ist, aus den Tempeln zusammengetragen und von den Priesterherren des Eryx ausgeliehen, von einer Gasterei auf die andere weitergereicht. Die Blendung trägt bei, Athen um die Vernunft zu bringen. Griechen töten Griechen, doch soll auch Segesta nicht stehenbleiben, hundert Jahre später nimmt es der blutige Agathokles mit, auf der Rückkehr aus Afrika und gleichsam mit der linken Pranke zuschlagend. Ein schändendes Zwischenspiel, wie es in das lange Hauptstück paßt: der Karthager satt, hat sich Segesta damals den Griechen angeschlossen. Agathokles kehrt zurück, er hat Karthago nicht nehmen können: aber euch soll es auch nicht wohl werden, das ist offenbar die Meinung. Provozierende Forderungen des Syrakusaners, die Segesta nicht erfüllen will; darauf Fortgang der schrecklichen Posse, Massaker, Verkauf der Überlebenden im öffentlichen Aufstreich, auch der Name soll nicht bleiben, der Ort heißt jetzt griechisch, Dikaiopolis, des Gerechten Stadt. Aber dann die Römer: Rom hält auf die troische Ahnenschaft, und das verpflichtet, so soll auch Segesta wieder leben. Es wird eine Stadt reicher Leute und dazu Badeort. Keine sichtbaren Reste. Die Thermalwässer lieferten offenbar Quellen am Fiume Caldo, heute sechs Kilometer von der alten Stadt. Wo sind die Anlagen geblieben, die zu diesen Bädern gehören mußten, wo auch nur die Steinmassen? So viel Bauwerk gibt es weit und breit nicht, wohin das alles verbaut worden sein könnte. Die Tilgung ist beinahe spurlos. Nichts durfte offenbar von Segesta bleiben als das Theater auf dem Berg und der Tempel vor den Toren. Löcher, Buckel, Ginster. Bleiche Schafsknochen. Asphodelen.

Also der Tempel: wie wir gegen den Tempel hinunterblickten, lag an unserem Hang und nicht weit unter uns ein Anwesen. Anwesen sagt zuviel, wir unterschieden nicht, ob das Ding dauernd bewohnt war oder nur ein Schafskral, eine Bleibe für ziehende Hirten und auf Zeit. Jedenfalls umzog dort ein Steingehege, eine kunstlos geschichtete Mauer einen länglichen Platz, der sich einer Hangfalte anschmiegte. Der Boden darin war kahl und von Schaftritten borkig. Eine Mulde, die kein Wasser mehr enthielt, nur den dunkleren, rissegeäderten Grund zeigte, war gleichfalls von Steinen umlegt. An die Ummauerung lehnte sich eine Hütte und etwas niedriger ein vorn offener, langgestreckter Stall, alles aus Steinen geschichtet und mit Hohlziegelwerk gedeckt. Ein paar schwarze Löcher als Fenster, eine Blechröhre stach heraus. Der Zugang zu dem Gehege war durch ein ärmliches Gatter verschließbar. Ein angestemmter Pfahl hielt die Tür zu der Hütte zu. Das war es, was sich auf dem Stadtgrund von Segesta neuerlich angesiedelt hatte. Was vor der Gründung Segestas dort lag, kann nicht viel anders ausgesehen haben.

Nun aber erhob sich in seinem Flecken Lichts drüben und drunten, tief in dem Raum, der den Blick trug wie die Aufwinde viel grauglänzende Vögel, über seinem streifigen Schatten jener Tempel. Der Hirtensitz hatte in aller Dürftigkeit eine günstige Lage: der Ort, sich einzunisten, war gesucht und wohl getroffen. Auch wie er sich in das Gelände schickte, entbehrte einer rauhen Anmut nicht. Es gibt bei uns im Norden Burgen und feste Häuser, die nirgends anders stehen könnten als eben dort, wo sie heraufgewachsen sind. Jener Tempel aber mußte nicht dort stehen, wo er stand. Er konnte auch an einem anderen Punkt stehen. Gewiß stand er in der Landschaft schön, aber er paßte sich nicht dieser Landschaft ein. Er nahm zu keiner ihrer Formen einen Bezug auf. Wie der Schafkral einer Hangstufe folgte und eine Höhenlinie zeichnete, das ergab keine schlechte Form, doch die Form war geworden. Der Tempel war nicht geworden.

Der Tempel stand dort ganz fremd. Er stand dort, aber er hatte nichts zu tun mit dem Urstoff, der ihn umgab, er gehörte nicht zu den Hügeln und zu den Bachklingen unter ihm, in denen einmal Wasser und Wald gerauscht haben mögen, und nicht zu den Kusseln und Heidrasen, die jetzt die Hangrücken deckten mit knisternden Blattschelfen und fleischblassen Asphodelen. Er krönte nichts und war nirgends eingebettet. Der Grund war ausgestochen für den Stufenbau, der ihn wegzuheben hatte. Der Tempel war nicht entstanden. Er war gemacht.

Gezählt und gemessen: sechs Säulen an den Fronten, an den langen Seiten zwölf. Man konnte die Fronten so sehen, daß ihre sechs Säulen für sich zählten und nichts von ihnen abhing, aber man konnte die Langseiten nicht sehen, ohne daß auch die Ecksäulen der Fronten mitzählten. Auf jeder Seite eine Säule mehr als es Zwischenräume waren, aber um alle vier Seiten herum Säulen und Aussparungen gleich. Die Zwischenräume von Säule zu Säule verengten sich etwas von der Mitte nach beiden Ecken zu. Die Waagerechte, welche die Säulen trug, und die Säulen, die das Dachgebälk emporstemmten. Nichts war fortgetäuscht, nichts überflüssig, überall war es das Äußerste und das Einfachste. Ob der Bau groß oder klein war, entschied nichts. Das Maß in ihm selbst war von Bedeutung.

Der Tempel, abgesetzt auf seinen Stufen von dem, was lebte und den Veränderungen unterworfen oder was ohne Form war, schien ein sichtbarer Gedanke. Ein Mal des Denkens. Er war nie dagewesen, um betreten zu werden oder Obdach zu gewähren. Er bot keine Geborgenheit an. Aber er flößte auch keine Furcht ein, wie das Maßlose fürchten macht. Was der Mensch vermochte auf dieser Erde, war in ihm geleistet. Der Mensch in dieser Welt war nicht allein aus ihr. Er konnte sterben und war doch keine Beute der Vergänglichkeit. Was uns immer betroffen hatte zwischen den Steintrommeln und Scherbenhalden der vielen abgegangenen Städte, war das Unnütze alles einstmals Nutzbaren, das Vergebliche aller Mühen. Auch dieser Tempel war unnütz. Vergeblich war er nicht.

Der Weg nach Selinus

Trapani verließen wir an einem Morgen, der hell und zwischen den Windstößen schon heiß und in den Schatten noch kalt war, wir fuhren den langen, ganz leeren, wie ausgefegten Kai ab, an dem nur einmal ein paar große alte Segler vertäut lagen und aneinander knarrten, und wir sahen die Mole weiß, lang und schmal hinausstechen in das pfauenblau funkelnde Meer und sahen den festen Turm draußen, den Hamilkar, der Karthager, erbaut haben soll, und immer schwammen die rosenfarbenen Inseln, hauchig, weit hinten. Wir fuhren an den Salinen entlang, dem Gewirre von seichten Lagunen und dünnen Dämmen, alles flach und schmal, unbewachsen, salzig blitzend; ein paar Windmühlen, und die Buckel von Salz, sorgfältig mit Ziegeln abgedeckt; und wir sahen noch einmal nach dem Berg Eryx hinauf, der enthäutet, fein behaucht, kühl in den merkwürdig lodernden, stürmischen Himmel hinaufstand, und uns wunderte noch einmal, wie dort oben im Bereich der Großen Mutter die Luft heftig und hell, und wie dort ein Duft von Salz und von Fichten gewesen war.

Nun aber schien ihre Herrschaft eine andere Gestalt anzunehmen, denn die Ebene, die wir durchfuhren, wurde fruchtbarer, sie begann, obwohl noch frühlingshaft, Üppigkeit zu verraten. Wir sahen die Erde rot oder feurig orangefarben oder in pudrigen Lilatönen, und darauf die Feigenbäume, eben sprossend, mit silberner Haut, und die grauen Wuchten der Ölgärten, und die grüne Saat, heftig, durchdringend grün, handhoch oder kniehoch emporgeschossen, und Mandelblüten, und Palmen und Bambusfahnen; nur die Reben standen noch kahl. Und wir sahen die Gehöfte liegen, rosa und weiß getüncht, mit hellen Flächen und scharfen Schatten, und kuppelig überwölbte Schöpfbrunnen, und nickende Esel, die vor hoch mit Gemüse bepackten Karren trippelten; an den Mauern blühten lackrot die Pelargonien, und ein gelber und violetter Flor von Unkräutern wallte die Straße entlang: wir fuhren lange, und es kam auf uns zu, alles längst vertraut, was wir nie gesehen hatten, alles unerwartet, was uns doch längst vertraut war, und immer blieb das Meer, bald blau und bald streifig grün, bald wie Milch und Türkis zu unserer Rechten.

Durch Orte fuhren wir auch, fuhren durch Marsala und durch Mazara, und manchmal wurde die Gegend einsilbiger und verlassener, und hohe Eukalyptusbäume standen da, das Licht rann durch ihr Geäst und ihre hängenden Blätter, und sie warfen kaum Schatten. In Castelvetrano hielten wir an, um Vorrat einzukaufen.

Kaum standen wir, legte sich uns der merkwürdige, kochende Lärm solcher Orte auf die Ohren, diese Art von Überdruck an Bevölkerung, der die Menschen aus den Häusern auf die Gassen hinauszupressen scheint. Zu der Leere des Landes draußen ein betäubender Gegensatz; man begreift, was die alten Schriftsteller meinten, wenn sie von volkreichen Orten schrieben. Der Ort war volkreich, doch war nicht ersichtlich, ob und wo Arbeit geleistet wurde, es stand zu vermuten, daß Arbeit überhaupt nur unregelmäßig und nur für einen Teil vorhanden war. So hat der Drang in den Straßen etwas eigentümlich Stehendes, nichts von der gleichmäßigen, zielgerichteten Hast nördlicher Städte, in denen ständig Ströme aneinander vorbeidrängen oder sich kreuzen. Bei genauem Zusehen wird man gewahr, daß die meisten Teilhaber des Gewühls nicht in Bewegung sind, sondern diese gleichsam von ihrem Platz aus versenden. Während sie auf Schwellen, auf Mauerborden, auf Strohstühlen oder ihren eigenen Fersen sitzen, ist der Austausch so, daß Luft und Wände zu zittern scheinen.

So beobachteten wir einen bestimmten Mann, solang wir in einen Ausschank getreten waren und die dicke Padrona Hebel und Hähne zischen ließ, um uns einen Kaffee zu bereiten. Es war dunkel in dem Raum und kein Laut außer dem Zischen der Kaffeemaschine; hinter dem Perlenvorhang aber zitterte und brodelte das Gewühl. Dicht bei uns, nur durch die Schnüre von uns getrennt, stand der kleine, schon ergraute Mann im Gedränge und schickte in ganz kurzen Abständen einen heftigen, durchdringenden Ruf aus. Es war weder zu verstehen noch zu raten, was dieser Mann feilhielt oder etwa zu kaufen wünschte. Der Ruf schien am Ende niemanden zu suchen, ja ohne Zweck zu sein, aber eine notwendige Lebensäußerung, in der Gier und geschöpfliche Melancholie lagen. Dabei vollzog er sich mit einer solchen Inbrunst und Kraft, daß der Schrei gellte; die Zungenspitze zitterte aus dem Spalt der Lippen, die Halsadern traten hart aus und die Augen schlossen sich; der Mann sah nicht, solange er schrie. Am ehesten war man an einen zerzausten Vogel erinnert, der Standlaut gibt.

Bald sahen wir gegen das mittägliche Meer, das blendete, die Trümmer von Selinus. Schwärzlich gegen das Licht stiegen nahe der Straße die ersten Ruinenhaufen. Dann hinter der Senke, hinter flachen sandigen Wellen, die der Selleriebach durchläuft, von dem die Stadt ihren Namen hat, selbstverständlich und unglaubwürdig die stehende Säulenreihe auf der Akropolis, der Tempel C. Ein Kapitell aus Selinunt, das durch seine Maße erschreckte, hatten wir in Palermo gesehen. Es war in zwei Hälften gesägt worden, damit es sich befördern ließ. Jetzt lagen eben diese Kapitelle, die Quader und gekandelten Trommeln zu Haufen zusammengeschmissen da. Trotz der blendenden Helle, die auf sie floß, hatten sie etwas Finsteres. Die Steingebirge lagen inmitten der frisch aufgegangenen, heftig grünen Ackersaat, und daß diese zerschmetterten Kolosse, die niemand wegräumen konnte, da lagen und das Land hinderten, Brot zu geben, machte ihre Gegenwart furchtbarer. Eine noch barbarische Kraft, ein titanischer Überschuß, der sich nur im eigenen Werk zähmen kann, lebt in diesen Riesenwuchten. Um so mehr macht die Gewalt schaudern, die hier in einer Art Raserei diese Bauten recht wörtlich so zerwirkt zu haben scheint, daß kein Stein auf dem andern bleiben sollte. Das liegt, als hätte ein Wirbel diese Wuchten zusammengedreht und dann niedergestampft. Nur ein Stumpf gibt noch da und dort eine Senkrechte. Eine Trommel, ein paar Werkstücke liegen weitab, mitten im Korn, wie durch die Luft geschleudert. Der Pflug geht geduldig, seit welchen Zeiten schon, um die Blöcke.

In Segesta hatten wir einen lautlosen Tag gehabt, verhängt, mit Disteln und Dohlen. Hier kam zu der Wildheit dieser Trümmer das Donnern des Meers, das glasgrün den weißen Strand heraufschäumte und bis an die Düne leckte. Im Aufwind, der den steilen Bruch kämmte, flimmerte ein rotes Mohnfeld. Das Meeresrasen machte den Ort herrlicher, er muß königlich gewesen sein, als die Stadt stand, und er blieb königlich. Wir ließen uns Zeit, legten uns so in eine heiße Kuhle, daß wir Meer und Säulen zugleich im Blick hatten. Der Wind trieb den Sand, wir spürten ihn zwischen den Zähnen, wir schwenkten die Gläser mit Wein aus und hielten ihn gegen das grünblitzende Meer; wir aßen die schwarzen Oliven, die mit seinem Salz gesalzen waren. Immer mehr zogen die Säulen uns an, die frei aufstiegen oder noch ein Stück ihres Gebälks trugen. Das Verlangen war unwiderstehlich, sich ihnen zu nähern und die Hand auf den gelben, porösen Stein, auf die Grate und in die Kanneluren zu legen. Aber noch gingen wir in weiten Schleifen, um immer veränderte Ansichten zu gewinnen, durch die hoch blühende Wüstenei. Wir stolperten in überwucherte Löcher, gewannen Halt auf Stufen, die unversehrt, mit harten Kanten, aufwärts führten, traten durch zähes Gewirk von Zwergsträuchern auf freien, blitzenden und mit Muschelresten durchsetzten Sand, auf Flecke voll bunter Anemonen. Dann fielen die Metopen uns ein, die über den Säulen gesessen hatten und die in Palermo aufgebaut sind: der gelbe Stein mit den sprenklig flimmernden Oberflächen, weich und da und dort von den Regenflüssen zerwaschen; aus bleicherem, feinerem und festerem Marmor die Köpfe der Weiber, ihre marmornen Füße und Hände, das alles einst hier im Wind, in der duftenden Hitze, im bläulichen Schattenschlag der Dachtraufen. Wir drangen durch Dickichte des grauen Wermuts, der bis zu den Hüften wucherte. Im Gehen zerrieben wir die Blättchen zwischen den Fingern. Der Geruch machte uns sicher, daß wir da waren.

Metope ist Angesicht. Für die Metopen vom Tempel E in Selinus wird eine sikeliotische Werkstatt angenommen. Sie hat, wie vermutet werden darf, nicht ohne eine Schwere, ein altertümliches Zögern sich Formen des Kritios und Nesiotes angeeignet. Kenntnis hat sie wohl auch von peloponnesischen Stücken gehabt. Die der Skulpturen in Olympia etwa müssen wir voraussetzen. So weit geht es bündig und schlüssig zu in unseren Beurteilungen.

Aber von da an divergieren die Bilder. Welcher Rang diesen Arbeiten zuzuerkennen sei, bleibe hier beiseite. Manche Äußerung über sie läßt ein Vermissen des eigentlich Dramatischen erkennen, des Eigenwillens der Gestalt, der physiognomischen Bestimmtheiten. Man stellt Härten der Form fest und Steifigkeiten der Gebärde. Was setzt man an diesen Gestalten voraus, was will man von ihnen sehen? Sie sind anders.

In diesen Metopen wird vollzogen. Es wird vollzogen, was einmal und fortan immer war. Der Zusammenhang ist noch ganz, die gleiche Gewalt bewegt alle. Kein pergamenisches Aufbäumen. Alles aufgerufen zum großen Schauspiel, in dem es kein Innen und Außen gibt, keine Entscheidungen. Alles schon entschieden. Ananke über den Göttern und den Heroen. Wieso dramatisch? Wohlgelenkt alles, auch wo kein Wohl geschieht. Gelenkt und wie getanzt Hieb und Schritt. Auch das Hinsinken wohlgelenkt.

Am Tempel C war es gröber demonstriert, ungeheuerlich, mit geschürzten Lippen: Perseus, rundschenklig, wie er säbelt und der Medusa den Kopf nimmt, sie aber läßt sterbend den Pegasos aus ihren Lenden. Hier feiner: ein Mann ein Weib, ein Weib einen Mann niederwerfend, Herakles und die Amazone, Athena und der Gigant, zweimal zwei Figuren, eine schräg vorstürmend, eine im Fallen weggeschrägt.

Immer Antithese, immer Symmetrie. Was zwei Figuren machen, ergibt etwas Drittes, eine einzige Figur. Sie spielen das Ihre.

Sie spielen es durch. Ja die Amazone scheint absurd zu lächeln, sie hat ja etwas Sanftes, und es kommt ihr zu, was geschieht. Ihr Arm mit der Axt ist nur aufgewinkelt, damit ihn der Stürmer zurückschlägt mit seinem ausgestreckten Arm; er setzt seinen Fuß kräftig auf ihren Spann aus dem zarteren Stoff. Marmorne Flucht, und auf einmal angenagelt. Ihr Neigen steht, es kann wie ein Pendel zurückschlagen. Der Körper ist hart, schmal, spröde, ohne Andeutung des Weiblichen, in der Starre des Todestraums könnte er aufwärts fallen. Er kann schweben. So ist auch ihr Gesicht, seltsam zart, willig unter dem Zwang der Faust gegen den Sieger gekehrt.

Um Aktaion ist es geschehen. Wie soll es anders sein? Verwandlung und Untergang. Verstrickt im Hundegesträuch, vom Gebelfer überwachsen. So muß es zugehen: Ausfall eines Fechters und doch fast einverstanden geneigt, auch wenn der Arm ausholt: so spielt er seine Figur. So entsteht sie. Die Göttin, sagt ein Gewährsmann, sei hilflos gemacht, eine Zuschauerin, hilflos lächelnd. Nun steht sie ruhig, fast magdlich, mit kleinen Brüsten, den Kopf hergeneigt. Die Gebärde ist öffnend: sie entläßt. Nein, keine furiose Hetzerin. Darreichen und Entlassen, nichts Zürnendes, kein Triumph. Rache einer Prüden? Was für Boudoirgeschichten. Aus ihren spröden Händen kommt Tod. Er hat sie ja gesehen. Die Hunde sind der Tod. Nun, von den Hunden überwuchert, sieht er sie nicht mehr. Erbarmen? Ganz anders leben Götter. Es geschieht.

Alle Körper haben das Frühe und Schlanke, oft etwas Stängiges, eckige, hartgelenkige Formen. Graugelber, rauherer Kalk war für die Männerfiguren. Bei den Weibern Gesicht und Glieder aus dem zarteren Marmor eingesetzt. Begrenzte Lust am Volumen, nicht das Wohlige, der sinnliche Schwung, das Ausladen ionischen Formgefühls. Selinus war eine dorische Gründung von Megara her, eine rauhe Stadt, schnell wachsend, erst später üppig, heraufgerauft zwischen mächtigen Barbaren. Auf dem Isthmos drüben, drüben im Norden der Peloponnes ist der rasche Herakles getummelt worden, dorthin gehen die Beziehungen. Nichts von Schwergewicht, keine Muskelschwellungen, wie sie spätere Zeiten liebten. Am meisten leuchtet das Geschwinde an ihm ein. Auch der Zeus der Hera-Metope, jugendlich wie der große Zeus vom Artemision, ist kein massiger Göttervater.

Allgemein bringt die Auslegung diese Szene mit dem vierzehnten Gesang der Ilias zusammen, heroischem Rokoko, amourösem Bravourstück der Göttin, die den Gatten überlistet. Aber soll es das wirklich sein? Auch wenn der Bildhauer auf jenes Stück Bezug genommen hat oder ein solcher ihm aufgegeben war – ihm selbst unbewußt stellte sich das viel ältere und weit größere Bild her.

Sie ist die argivische Hera, die Mächtigste über ein Land, die »Herrschendblickende« unter den alterslosen Göttinnen. Der Olympier hat sie erst zu gewinnen. Er wird aus dem Himmel getreten sein, erst der Ankommende, erst noch der Sohn und Kronide, den Geruch der Blitze auf sich, aber noch nicht der Göttervater. Er hat auf dem Felsblock Platz genommen. Sein Sitzen deutet den Anspruch an, denn er ist der Künftige. Herrenmäßiges Sitzen, aber nicht satt, auch kein Thronen. Er streckt den Arm aus, um zu ergreifen, doch ist es kein Greifen der Art, bei der man sich vorneigt. Er biegt sich zurück, wie man Abstand nimmt, um mehr zu sehen.

Denn vor ihm steht Hera aufgerichtet, gegenüber dem lässig gespannten Sitzen fast starr, wie gefesselt in den Fußknöcheln, die Arme zum Schleier erhoben, den sie nun öffnet, als wären ihr die Arme sehr schwer. Das soll Verführung sein? Es ist Traumgebärde. Das Unabänderliche ist der Traum. Auch kein scheuer Brautblick: ein furchtbares Auge. Das Gesicht ist bezwungen, aber es bannt auch selbst. Der Schleier schafft Breite um die Schläfen, von der die Hoheit eindringlicher wird. Das Gesicht war verhängt, nun ist der Schleier aufgeschlagen. Das Verhängte tritt zutag.

Sie ist starr, als käme sie aus der Erde, noch kalt, die Gelenke noch kalt, störrisch, fühllos, Marmorgelenke. Aus dem Griff des Gottes nach ihr rinnt Leben über. Doch ist sie schon die Herrin, eine bequeme Gattin wird sie nicht sein. Sie wird Herakles verfolgen, den Zeussohn, sie wird die liebliche Io durch die Länder hetzen. Sie ist die alte Macht, und sie stellt sich. Indem sie den Griff annimmt, nimmt sie auch die Herrschaft an. Ohne sie wird nichts sein.

Das Haus in der Schlucht

Die Platte lief nackt und weit aus, baumlos, weißer Windschliff im Kalk mit Sträußen von Wolfsmilch wechselnd, dann scharfzackiger Abbruch, von unten Bläue, die See. Nur Himmel und Fels, doch flatterte ortlos, schwach, eine Stimme; die Stimme wie ein Vogel hierhin und dorthin getragen, süß, ein wenig grell, dann vom Wind unterbrochen. Kein Wesen war sichtbar, dem die Stimme gehören konnte. Sie trieb über dem Boden.

Plötzlich brach die kleine Schlucht ein; man sah sie erst, wenn man dicht an ihren Rand gelangte. Die Wände fielen fast senkrecht; ihr Grund, zu einem runden Kessel erweitert, lag eben. Ein Rinnsal schlängelte sich unten. Auf einem Klotz, der aus der Wand der Schlucht sprang, saß ein Haus. Das Haus war klein, aber fest, fast fensterlos, aus Brocken des gewachsenen Steins aufgemauert, seine Farbe unterschied es nicht von den Felsen. Auch die Hohlziegel auf dem Dach hatten einen Ton, der ins Graue ausblich; eine Flechte, eigentümlich messsingfarben, lag fleckig darauf. Ein Steinbord faßte die Kanzel ein, die das Haus trug, bildete einen Hof aus sauberen, schwach gewellten Platten und lief zu anderen Steinhütten. Ziegenstall und Schweinskoben. Die Eingangslücke war mit einem hölzernen Gatter gesperrt. Vom Schluchtrand herab lief dorthin eine enge, in den Fels geschlagene Treppe. Rauch stieg auf, man sah eine dunkle Türöffnung. Von dort, aus dem räucherigen Dunkel, in dem eine Glut glomm, kam die Stimme, die vorhin emporgeflattert war.

Aus dem Hofraum abwärts ging es zu einem rundgemauerten Brunnen im Grund. Ein steinerner Waschtrog daneben. Über Trog und Zisterne bog sich ein großer, noch laubloser Maulbeerbaum. Die Beete und die Ackerstreifen am Bach waren sorglich geglättet. Auf roter Erde junge Feigenbäume, frische Saat flimmerte. Gemüse war ausgepflanzt. Löwenzahn und Dotterblumen säumten die Bachader. Für Ziegen zogen sich an den Wänden hinauf Grasbänder, und überall boten Felslöcher, alte Hirtenschlüpfe, ihren Schatten an. Die Schlucht verengte sich landeinwärts rasch, gegen die See hin aber, wohin der Süßwasserbach fiel, knickte sie scharf ab, so daß der Wind von dorther gebrochen war und das Gehöft versteckt blieb. Wer hier saß, lebte in seiner eigenen Welt. Sie verbarg und erhielt ihn. Die Erde gab Nahrung und der Fels Wasser. Auch die Fischbänke des Meeres boten sich an.

Drunten, auf dem Hof, trieben Hühner ihr Wesen, ein Schwein, ein Lamm gaben Laut. An einer Leine hingen bunte Wäschestücke. Aus der Hütte kam wieder der Gesang, süß, lockend, ein wenig grell. Nein, Kirke nicht. Aber vielleicht eine von Kirkes Mägden. Kirke auf ihrer Insel wohnt prächtiger, aber Odysseus hört sie so, auf fremder Küste kommt er gegen ihre Behausung: dort sitzt sie, unsichtbar drinnen, singend, wirkend am großen Gewand. Man erkannte jetzt drinnen Bewegung, und dann tauchte aus dem höhlenartigen Dunkel ein Mädchen auf. Kirkes Magd, roter Rock, bückte sich unter dem Türsturz durch und stand draußen.

Süß, ein wenig grell. Mit langem Arm schwang sie etwas durch die Luft, her und hin, indem sie zu singen fortfuhr, wechselte den Arm, übergab von einer Hand spielend in die andere. Ein Bügeleisen; vielleicht seit Kirkes Zeiten der einzige Gegenstand, der hinzugekommen war; ein recht altes Bügeleisen, ein Ding für Holzkohle, kein blitzender Apparat. Jetzt netzte sie den Finger, jetzt wohl ließ sie ihn an dem Eisen zischen. Wir hörten den kleinen Laut nicht, nur die schnelle Stille, die ihren Gesang unterbrach.

Roter Rock; singend schwand sie wieder in ihre Hütte. Die Welt ruhte. Sie hatte seit Kirke geruht, und wir waren noch eben recht gekommen. Noch einen Tag ruhte sie. Aber morgen?

Anekdote

Die Antwort kam nicht von mir, wiewohl sie mir Neß später hartnäckig in die Schuhe schieben wollte. Mir fallen Antworten immer zu spät oder gar nicht ein. Tatsache ist vielmehr nur, daß wir im Laden eine Vulgata verlangt hatten und daß der Buchhändler ziemlich elegant sein Stutzen über den ihm offenbar ungeläufigen Titel überwand, indem er mit einem: »Senz'altro, subito« sich in die Tiefe absetzte. Von dort erschien er jedoch einigermaßen bald wieder vor uns: »Wenn Sie gestatten, darf ich vielleicht doch um den Autor bitten?« Worauf es bei mir noch eine Weile gebraucht hätte, Neß aber selbst, gelassen und vollkommen sicher, bereits geantwortet hatte: »Lo Spirito Santo«.

Man hatte mir im Hotel genau beschrieben, wie ich gehen mußte; den Weg zu verfehlen, wäre kaum möglich gewesen. Aber das Atelier des Dottore Daddi entzog sich den Augen nicht durch Schwierigkeiten des Zugangs, sondern durch seine Öffentlichkeit. Selbst die Hausnummer hatte mir der Portier aus Vorsorge genannt; ich las die Nummer und ging vorüber, denn dieser Eingang, er konnte es doch nicht sein. Noch im Umkehren zögerte ich, obwohl inzwischen die Assistentin des Doktors in einem weißen Kittel dort Fuß gefaßt hatte und mich musterte. Immer noch mußte ich das große, durch einen milchigen Überfang undurchsichtig gemachte Schaufenster für das eines Ladenlokals ansehen und das Mädchen für eine noch müßige Verkäuferin.

Dann erst wandte ich mein Augenmerk auf die großen grünen Versalien, die quer über die Scheibe hin aussagten, daß hier der Dottore Daddi seine Verrichtungen ausübe. Auf einen Zahnarzt hatte in meiner Vorstellung ein diskretes Messing- oder Emailleschild aufmerksam zu machen. Ich trat, wenn auch unsicher, durch die Tür, aus der mittlerweile das Mädchen gewichen war.

Etliches sprach in der Tat dafür, daß dieses Wartezimmer, in das man unmittelbar von der Straße weg gelangte, noch unlängst ein Laden gewesen war. Ich weiß nicht, ob der Geruch, der den Raum füllte und die Lungen ängstigte, aus dem Laden zurückgeblieben oder ob er durch die Drangsale verursacht war, welche die Patienten des Doktors gewöhnlich dort empfanden.

Immerhin hatten sich zu meiner Erleichterung solche Patienten noch nicht eingestellt. Außerordentlich angenehm, sagte ich zu mir: du wirst bei diesem Zahnarzt nur wenig oder gar nicht zu warten brauchen. In dem Raum befand sich außer Stühlen kein Gegenstand. Das tief herabreichende

Fenster mit dem Milchglasanstrich spendete eine Helle, die kältlich wirkte, obwohl doch der Straßenmorgen schon warm war. Gegenüber dem Eingang stand eine nach innen führende Tür einen Spalt breit offen; Geräusche dahinter verrieten, daß der Doktor bereits behandelte. Neben dieser Tür schaukelte an einem Nagel eine Pappe: mancia obbligatoria 50 L.

Unter diesem Schild erschien wieder das Mädchen. Erst jetzt bemerkte ich, daß die Füße des Mädchens in roten Pantoffeln staken, feuerroten, ein wenig breit getretenen Pantoffeln, die den Fuß bis um die Knöchel herum einhüllten, wo sie von einem grünen Schwanenpelzchen eingefaßt waren. Dem Gang des Mädchens war anzumerken, daß diese Pantoffeln den Füßen einen angenehmen Aufenthalt boten.

Trotz seiner dunklen Haut war das Mädchen rotwangig, es sah ländlich und offenherzig aus. Dennoch musterte sie mich nicht ohne eine Art dienstlicher Strenge, ehe sie an mir vorbei wieder zu der Tür schritt, die zur Straße führte, und ihren alten Posten bezog.

Einige Zeit verging, und ich hörte den Doktor drinnen weiter an der Arbeit. Als das Mädchen sich an der Luft gütlich getan hatte, verschwand sie nach innen, kam und ging ein paarmal, und als sie wiederkam, entrichtete ich die »mancia«, und das Mädchen fragte mich, ob ich zu warten wünsche.

»Soviel ich sehe«, sagte ich, »wartet niemand außer mir.«

»O doch. Es sind viele Kunden. Aber sie warten nicht hier. Die Kunden erhalten eine Nummer, und sie kommen zurück nach der Nummer, die ich ihnen gebe.«

»Dann möchte ich auch um eine Nummer bitten.«

Das Mädchen wanderte hin auf seinen roten Pantoffeln, und als es wiederkehrte, trug es einen kleinen, gelblichen Zettel in seiner Hand. Ich sah auf den Zettel und las meine Zahl gedruckt: 22.

»So viele sind vor mir?« fragte ich erschrocken.

»Es sind nicht so viele«, entgegnete das Mädchen, indem es spüren ließ, wie sehr ich des Überblicks ermangle. »Aber es ist die Nummer, die ich Ihnen gebe.«

Aha, dachte ich mir, es ist nicht eine Nummer für den Tag. Vielleicht wird es eine Wochennummer sein. Wir haben heute schon Donnerstag, und für einen Donnerstag ist 22 nicht einmal eine schlechte Nummer.

»Und wann also«, sagte ich einsichtig zu dem Fräulein, »soll ich nun wiederkommen?«

»Oh, Sie können am Vormittag wiederkommen. Oder wenn es Ihnen beliebt, auch am Nachmittag. Wie Sie lieber wollen.«

»Ich verstehe Sie«, sagte ich. »Aber ich meine die Nummer, die Sie mir ausgeteilt haben: wann wird sie an der Reihe sein?«

»O ja, ich verstehe Sie«, sagte das Mädchen. »Es ist ein wenig schwierig. Die Kunden, die kommen, sind sehr zahlreich.«

»Ich verstehe sehr gut«, antwortete ich. »Aber verstehen Sie mich auch, Signorina: ich habe Besorgungen, ich habe Gänge zu machen, man erwartet mich. Ich möchte meine Zeit einrichten, so daß ich nicht unnütz aufgehalten bin.«

Strahlend sagte sie: »Vollkommen verstehe ich. Ja bitte, kommen Sie doch, wenn Sie fertig sind mit den Sachen, die Sie besorgen wollen. So wird es am besten sein.«

Die Gänge, die ich zu machen hatte, führten mich zweimal an der Werkstatt des Doktor Daddi vorbei, und zweimal sah ich jetzt, wenn ich hineinschaute, Leute dasitzen und warten. Als ich aber das dritte Mal kam, fand ich wieder ein leeres Wartezimmer. Das Mädchen erschien, und weil ich einen Augenblick irre wurde, ob ich meine »mancia« schon erlegt habe, gab ich ihr die fünfzig Lire und fragte sie, ob es richtig würde, wenn ich jetzt vollends wartete.

»Bitte, Sie können warten«, sagte sie, »aber es wird besser sein, zum Essen zu gehen. Auch der Dottore wird zum Essen gehen, und hier das Zimmer ›si chiude‹.«

Ich sagte: »Aber dann bestimmt am Nachmittag. Wann soll ich da sein, damit ich an die Reihe komme?«

»Sie können um vier Uhr kommen. Noch besser ist es aber um halb fünf, damit Sie sich nicht vergebens bemühen werden.«

Ich hatte Geduld und sprach mir zu: nun also, du bist um halb fünf an der Reihe. Und wenn du um vier Uhr auf jeden Fall da bist, kann nichts mehr dazwischen kommen.

Um vier Uhr aber war das Wartezimmer des Dottore von sehr vielen Leuten bevölkert. Eine unerklärliche Anzahl von Menschen schien über Mittag von Zahnschmerzen heimgesucht worden zu sein. Allgemeines, heftig bewegtes Warten herrschte im Raum. Die Personen waren weit zahlreicher als die Stühle, dennoch fanden erstaunlich viel Anwesende einen Sitzplatz. Etliche teilten sich in einen Stuhl zu zweien oder gar zu dreien, andere hatten die Sitzgelegenheiten so aneinandergerückt, daß immer noch ein weiterer, ein dritter oder vierter Wartender unterkam. Mütter hatten Kinder, Großmütter Enkel auf sich gestapelt oder unter sich geschoben. Dazwischen biwakierten Soldaten; es schien eine Korporalschaft, die Ausgang hatte und diesen Ausgang benützte, um geschlossen den Zahnarzt aufzusuchen. Ein paar saßen auf dem Fußboden, andere behalfen sich im Stehen, wieder andere waren in ein Kartenspiel vertieft. Die Luft war überanstrengt, denn sie ging unter zu viele.

Durch das Gedränge schob sich bisweilen die Assistentin. Jetzt taten wir schon wie alte Vertraute zueinander, sie nickte mir zu, und es schien ihr nicht unangemessen, daß auch ich mich beigesellt hatte. Ungezählte Verrichtungen hatte sie nun zu bewältigen. Bald erkannte ich, daß der Dottore ihre Leistungen nicht vornehmlich für sein zahnärztliches Mühen in Anspruch nahm, denn nur selten wurde sie von drinnen gerufen oder verschwand, einem Gefühl folgend, ungerufen in die Werkstatt. Vielmehr wurde deutlich, daß ihre Aufgabe im Wartezimmer lag. Außer dem, daß sie ihre »mancia« zu kassieren hatte, lag ihr jetzt ob zu scherzen, und sie hob zum Beispiel ein Kind hoch, schwenkte, schreckte und herzte es, um endlich mit einer Gebärde, die Heiterkeit zauberte, von dem kleinen Hintern die Hand abzuziehen, als brenne es dort. Und schon fuhr sie ab durch die Tür dem Dottore zu Hilfe oder einem seiner Patienten. Sofort stand sie wieder da, erbarmte sich einer weiteren Range, putzte ihr das Näschen mit dem eigenen Nastuch, tauschte Händedrücke mit einer Sippe, die abzog, nachdem einer der Ihrigen verarztet worden war. Ein wenig beunruhigte mich, daß weder eine Pause noch auch das Geräusch eines Wasserstrahls die Vermutung rechtfertigten, die Signorina beschließe ihre so sehr verschiedenartigen Handgriffe durch eine Reinigung oder bereite durch eine solche ihre folgenden Handlungen vor. Auch jetzt, am späten Nachmittag, hatte sie sich von ihren annehmlichen Pantoffeln nicht trennen gewollt, und der Lauf des Tags hatte das Weiß ihres Kittels weiter beeinträchtigt. Wie jene Bronzen, die in den Museen betastet werden, an den zugänglichsten Stellen dunklen Glanz annehmen, so zeigte ihr Amtsgewand Verfärbungen, zum Beispiel an den vorderen Erhebungen oder da, wo der Weg zur Kitteltasche ging. Die Bauchung der Tasche ließ erfreulich ahnen, wie weit der Tag vorgerückt war.

Um diese Tageszeit, in der auch der Rhythmus der Gassen anzuschwellen beginnt und die Fülle überbordet, in der alle Laute lebhafter und die Rufe gellender werden, schien nicht nur der Drang der Besucher, sondern auch die Geschwindigkeit, mit welcher der Doktor arbeitete, sich zu befeuern. Das Wartezimmer begann in den Ordinationsraum zu quellen; der Austausch nahm zu. Niemand, der fertig geworden war, zeigte mehr Lust, die anregende Umgebung zu verlassen. Behandelte ließen sich draußen nieder, als wollten sie an Ort und Stelle die nächste Sitzung abwarten. Andere, die urplötzlich, ohne aufgerufen zu sein, sich ins Hinterzimmer drängten, verfolgten drinnen offenbar keinen anderen Zweck als den, einen Verwandtenbesuch zu machen oder ganz allgemein Nachschau zu halten, wie die Dinge sich anließen. Von einer Nummer war nirgends die Rede. Niemand schien eine zu besitzen. Vielleicht brauchte eine Nummer nur ich, weil ich aus einem anderen Land kam.

Indessen niemand drängelte, blickte scheel, wenn ein anderer drankam, oder zeigte sich auf irgendeine Art unzufrieden. Alle sahen offenbar das Warten für eine Beschäftigung wie jede andere an. Als ich mich eine Weile umgeblickt hatte, mußte ich zu mir sagen: Vielleicht ist dieser Dottore ein Menschenfreund und hat Vermögen. Wenn er aber nicht vermögend ist, wüßte ich gerne, wovon er lebt.

»Ich möchte gerne«, sagte ich zu der Signorina, als sie passend in meine Nähe kam, »ich möchte gern sicher sein, daß ich noch behandelt werde. Ich muß morgen auf die Reise.«

»Sie können sicher sein«, entgegnete die Freundliche, indem sie versorgte, was ihr offenbar auch diesmal zustand, »so sicher, daß es für Sie angenehmer sein wird, noch ein wenig spazieren zu gehen. Wenn Sie wollen, können Sie vorher zu Abend essen, denn es wird vielleicht nachher nicht erlaubt sein. Finden Sie aber die Tür verschlossen, so seien Sie versichert, daß wir noch da sind. Sie gehen alsdann –«: und sie beschrieb mir wortreich einen äußerst verwickelten Weg durch eine Unzahl von Hintergäßchen, über mehrere Plätze weg, dann durch einen Gang, der schließlich geradewegs vor dem rückwärtigen Ausgang der Praxis endigte. Dort war ich alsdann befugt, ungescheut und recht kräftig zu klopfen.

Ich ging und richtete mein Abendessen so ein, daß ich fertig werden mußte, bevor die Praxis des Dottore Daddi ihre vordere Pforte schloß, denn es war ganz unmöglich gewesen, den Um- und Hinterweg mir einzuprägen. Ich sorgte mich sehr, ich könnte zu spät kommen, aber die Ladentür war noch nicht geschlossen. Eben noch konnte ich an dem Mädchen vorbeischlüpfen und mich mit ihr einschließen lassen.

»Tante grazie«, sagte das Mädchen.

Bestand der Schwarm, der immer noch dick und dunkel das Wartezimmer füllte, auch nur zur Hälfte aus Patienten, so hatte Dottore Daddi noch ein saures Tagewerk zu vollenden. Es war heiß und beklemmend, die Gespräche schwirrten, die Soldaten spielten hitziger, so als könnte ihre Anstrengung das Werk des belagerten Doktors anfeuern. Von ihnen schien noch keiner darangekommen. Unbekümmert ließen sie sich einschließen. Ich mußte vermuten, daß sie Urlaub bis zum Wecken bekommen hatten.

»Signorina«, sagte ich zu dem Mädchen, »es ist spät geworden, bitte haben Sie die Güte, dem Doktor zu sagen, daß ich fremd und daß ich auf einer Reise bin und daß ich morgen früh fahren muß; und daß ich vielleicht dort, wohin ich fahre, keinen guten Zahnarzt finden werde –«

So sagte ich, und als das Mädchen gegangen war, fiel mir plötzlich ein, was mir schon früher hätte einfallen müssen, nämlich die Antwort auf die Frage, die ich an mich selbst gerichtet hatte: wovon dieser Doktor Daddi wohl lebe. Heute, sagte ich zu mir, lebt er auf jeden Fall von einer einzigen Rechnung, nämlich von jener, die er dir schreiben und die er sogleich kassieren wird. – Aber jetzt war ich schon gefangen. Das alles, so schien mir einen Augenblick, war bloß so eingerichtet, um mich zu fangen und einzusperren.

Das Mädchen kam sogleich heraus und sagte: »Oh, sagt der Doktor, warum haben Sie das nicht gleich gesagt? ›Subito‹, läßt der Dottore sagen.«

Der kleine Raum, in dem der Dottore Daddi behandelte, war die einstige Hinterstube des Ladens, dessen erfreuliche Geschäftslage wohl auch Daddi zu solchem Zulauf verhalf. Dieser hintere Raum war nicht mehr als anderthalb Schritte breit, und da er Fenster überhaupt nicht besaß, so mußte die Luft, die aus dem Warteraum übertrat, auch für ihn noch ausreichen. Die weiße Kugellampe, die ihn ausleuchtete, heizte gewaltig. Unter ihr stand der Dottore, ein breiter, außerordentlich gelenkiger Mann, in Weiß mit hochgekrempelten Kittelärmeln. Sein Weiß war ohne Tadel. Er roch nach einer kräftigen und nicht billigen Seife, und sein Anblick gewann das Herz. Sogleich wußte ich auch, daß dieser Doktor nicht von dem Betrag zu leben gedachte, den er mir in Rechnung stellen würde. Und was er immer aufschreiben mochte, ein Vergnügen würde es mir jedenfalls sein, es zu erlegen.

»Warum«, sagte er und nahm mich an sein Herz, »warum haben Sie mir nicht sagen lassen, welches Ihre Lage ist? Warum sind Sie nicht einfach hereingekommen zu mir?«

Niemals habe ich zu einem Seelsorger irgendwelcher Art ein größeres Zutrauen gefaßt als zu diesem Dottore Daddi, dem ich noch ein paar Augenblicke zuvor so gründlich mißtraut hatte. Ich fühlte mich versorgt, sobald ich nur in seinem Stuhl saß und ihn hinter mir hörte, wie er am rauschenden Wasser beschäftigt stand, wobei der Duft seiner Seife sich verstärkte.

Zart, mit duftenden Fingern führte er sein Werkzeug und fühlte die Stelle ab, wo die Plombe ausgefallen war.

»Il pane siciliano«, sagte er verständnisvoll. Er fügte hinzu: »Il duro pane siciliano.«

Wir tauschten ab und zu eine Bemerkung, solange der Doktor seine Mischung knetete.

»Ihre Zähne«, sagte er teilnehmend, »sind ein wenig schlechter, als sie zu sein brauchten in Ihren Jahren.«

»La guerra«, sagte ich.

»Cosa brutta«, sagte der Doktor, »brutta per tutti.«

»Und Sie«, sagte ich, »Sie haben einen langen Tag, Doktor. Patienten und kein Ende.«

Er sagte vertraulich: »Gente povera. Sie können nicht zahlen.«

»Es wird Kassen geben, die es für sie tun.«

»Die Kassen«, sagte Daddi, »würden zahlen, wenn die Leute die Kassen zahlen könnten. Aber sie können es nicht.«

»Duro pane siciliano«, sagte ich.

»Pane duro.«

Einen Stuhl, ein schwenkbares Glastischchen mit den Instrumenten, mehr gab es in der schmalen Werkstatt dieses Doktors nicht zu sehen. Aber seine Finger waren behutsam und sehr sicher. – Ein guter Zahnarzt, sagte ich zu mir, selbst wenn er nun doch noch auf die Absicht kommen sollte, von meinem Inkasso zu leben.

Aber als ich mich erkundigte, sagte der Doktor: »Sie sind auf Reisen. Wenn man unterwegs ist, kommt eine solche Ausgabe ungelegen.«

»Lassen Sie sich nicht bitten, Doktor.«

»Oh«, sagte Daddi, »einen ganzen Tag haben Sie eingebüßt, weil Sie nicht zu mir kommen und mich bitten wollten. Nein, für mich war es eine Kleinigkeit.«

Ein Kind vor dem Wagen

In einem Dorf zwischen Castelvetrano und Sciacca sprang ein Kind gegen den Wagen. Das Dorf war sehr lang, niedrige, weißlich und gelb gekalkte Häuser, die zusammenhingen. Die Straße wand sich hin und her und blieb nicht recht übersichtlich. Es war um Mittag, die Schatten sehr schmal, niemand unterwegs. Nur das Kind, wie gesagt, schoß plötzlich in die Straße, braun und rosa über einem ganz dünnen, flatternden Schattenwisch, schoß also herein, und schon sahen wir es nicht mehr vor der Haube des Wagens.

Ich hörte unseren Fahrer schwer ächzen, wie er sich auf das Lenkrad warf und es einmal her- und einmal hinriß und sich stemmte, und spürte zugleich den würgenden Stoß, der alle vornüberwarf. Es gab einen durchdringenden Laut, ein hohes Kreischen, das in den Zähnen wehtat, und der Motor stand, und der Wagen stand schräg auf der Straße. Ich glaube, daß alle zusammen das gleiche Stöhnen ausgestoßen hatten, und jetzt also war es eine Viertelsekunde ganz still, und die Zähne wurden wieder etwas locker, und schon in diesem geschwinden Augenblick schoß es uns in den Kopf, eine Hoffnung, die nicht aus Gedanken, die nur aus den Gliedern kam: wir hätten zwar Werfen und Schleudern gespürt und den Ruck, als die Bremsen blockierten, aber wir hätten nicht gespürt, daß die Räder über etwas weggingen. Und dann sahen wir, uns herumwerfend, plötzlich das Kind wieder, braun und verwaschen rosa, und es rannte gegen die Häuserwand wie ein Kind, das Anschlagen spielt, und blieb dort stehen.

Und noch im gleichen Augenblick war die Straße voll Menschen. Es war, als presse ein unbegreiflicher Druck plötzlich Menschen aus allen Öffnungen. Sie schossen zusammen um den großen blauen Wagen, der in der Straße quer stand. Aus einem Klumpen von Frauen schrie eine laut;

es schien die Mutter. Wie in einem Ameisenhaufen schien die Nachricht überall zugleich gegenwärtig, es quoll vorn und hinten.

Indessen stand das kleine Mädchen, das all den Schrecken verursacht hatte, noch immer ohne Bewegung, mit dem gestreckten Arm steif von der Hauswand abgestützt. Es stand auf einem Bein und hatte wie ein Vogel das andere ein wenig angezogen, mager und braun, und hatte sein verwaschenes rosa Kleidchen an. Nichts an ihm rührte sich, es gab keinen Laut von sich und flüchtete zu niemandem. Seine Augen blickten störrisch und scheu, voll von einer tiefen, sprachlosen Kränkung, auf den großen, glänzenden Wagen. Es schien keine Angst zu empfinden und doch von einer Klage bis zum Zerspringen gefüllt zu sein. Es schien ganz abgelenkt und ganz gesammelt; offenbar vernahm es gar nichts.

Ich wartete jetzt, bis unser Fahrer aufspringen würde, um mit einem Satz mitten unter dem Volk zu stehen. Ich war sogar neugierig, jetzt wo das Herz sich erleichterte, womit er sich Luft machen, welcher Wendungen seine platzende Redekunst sich bedienen würde. Ich sah mich nach seinem großen, offenherzigen und beweglichen Gesicht um; aber das Gesicht blickte noch immer geradeaus, es war fleckig verfärbt und von Schweiß überlaufen. Noch immer hatte er den Mund nicht aufgetan. Er neigte sich etwas zurück, langsam und wie entkräftet, öffnete den Schlag und blickte hinter sich, wo das Kind stand und lebte. Aber er stieg nicht aus, sondern nahm die Mütze ab, zog sein Taschentuch und wischte sich das Gesicht, indem er es in das Hohle der Mütze bog, und wischte dann den inneren Rand der Mütze auch ab. Endlich streckte er die Hand aus, ohne jemand anzublicken, und zog langsam den Schlag wieder zu. Er schien so wenig wie das Kind etwas zu hören. Er drückte den Anlasserknopf, und der Motor arbeitete. Er zog die Bremse auf, und der Wagen bewegte sich. Wir fuhren. Soviel ich mich entsinne, hatte bis dahin noch niemand etwas gesagt.

Aber nach ein paar Schritten Fahrt hielt der Wagen aufs

neue; der Fahrer hatte die Bremse angezogen, und während der Motor flüsternd weiterlief, nahm er die Mütze wieder ab, sah mich an und sagte: »Era morta« – er vollendete den Satz nicht. – Es war schon tot –, dann schüttelte er sich. Er nahm das Taschentuch und wischte auch das Innere seiner Hände.

Dann sahen wir, warum er angehalten hatte. Gegenüber an der Straße lief ein Brunnen, ein gewöhnlicher Gußeisenstock mit einer blankgewetzten Messingschnauze, aus der Wasser schoß. Er stieg aus und ging vor der Haube vorbei zu dem Wasser. Er bückte sich, warf sich ein paar Hände voll ins Gesicht, machte dann eine Mulde aus seinen Händen und trank in tiefen Schlucken. Plötzlich hatte er sich umgewandt, stand aufrecht und schaute in den Wagen mit seinem alten, strahlenden braunen Gesicht, auf dem Spritzer glänzten. »È buona l'acqua«, rief er fröhlich, und der Tod war ausgetrieben. Das Wasser hatte es gutgemacht.

Die Ziegen kommen vom Berg

Die Stadt zog den Berg hinauf, und von unten schien ihre Höhe nicht übermäßig. Stieg man aber in sie ein, so erlebte man, was man immer an Bergen erlebt: daß der Gipfel sich zurückzog. Mir wenigstens ist es nie gelungen, ihren obersten Punkt zu ersteigen. Immer zwar gab es eine hart gepflasterte Gasse, eine steile Staffel, die sich endlich geradewegs in die bare Luft öffnete. Aber das trog, denn da lag dann etwa eine unscheinbare, traurig menschenleere Piazzetta, und um eine Ecke herum begann ein neuer Aufstieg. Der führte noch mühseliger in noch dunklere, noch ärmlichere Quartiere hinauf. Endlich quoll dann von oben der milchige Nebel nieder.

So war ich in einem Albergo an einem dieser oberen und geringeren Plätze wohnen geblieben. Mein Zimmer öffnete sich nicht ins Freie hinaus dorthin, wo die Stadt abfiel mit ihren vielen Terrassen, und wo unten der vergraste Lichtspielgarten lag mit den weißen Drahtstühlen, eine Reihe hinter der andern und vom Unkraut baumhoch durchschossen, und wo man in die Schluchten hineinsah und auf die Hangstufen mit den alten Grabhöhlen und endlich auf das Meer, das hoch hinaufreichte und mit seinen Rändern im Dunst verschwamm: das alles war von meinem Fenster aus nicht zu erblicken. Mein Fenster, das bis zum Fußboden reichte, ging gegen das etwas geneigte kleine Platzviereck hinaus und gegen die Häuserwände dahinter, und unten spielten Kinder und standen dann und wann Eselsgefährte, und zwei enge und steile Gassen führten aus den Winkeln des Platzes wieder bergan. Jene ganzen Tage lang blieb der Nebel hängen in den Mündungen der Gassen, die weiter hinaufführten. Es war hier oben still, denn die prächtigen Cafés, die Kaufhäuser mit ihren erleuchteten Arkaden lagen ja tief unten; nur gegen Abend fingen ein paar Lautsprecher zu kreischen an;

davon wurden auch die Kinder angefeuert und verdoppelten ihr Lärmen.

Morgens erhob sich sehr früh und von allenthalben ein eilfertiges und unregelmäßiges Bimmeln der kleinen Kirchen, die in den Gemäuern verborgen steckten, und endlich mischte sich darein ein noch dünneres und noch schnelleres Schellengeklingel, und dann kamen von oben herab, aus den hangenden Nebelwolken, die Ziegen.

Die Ziegen ergossen sich wie ein munterer Sturzbach die Staffeln herab in ihren silbergrauen Vliesen und mit einem feinen wohlanständigen Meckern, und blickten verständig um die Ecken, und ihre Euter strotzten und schleiften über die schmutzigen Steinschwellen. In die Haustüren traten Frauen; und wo es verlangt wurde, hielt der Ziegenhirt ein, indessen sich meistens schon eine Ziege an ihn drängte, denn die Tiere schienen ihre Folge zu kennen; und der Hirt molk in das dargereichte Gefäß, soviel bestellt wurde, und solang er beschäftigt war, hielt das Rudel an und fuhr nur wenig durcheinander und wartete, bis es weiterging. So molk er von Tür zu Tür, querte schließlich den Platz mit seiner Herde und verlor sich um das Haus herum über die Treppen nach unten. Dann dauerte es eine, auch zwei Stunden, bis die Tiere trippelnd wieder bergauf kamen; ich hörte sie, wenn ich drinnen saß, an dem trockenen hornigen Klang ihrer Klauen auf den Steinplatten, und sie sprangen und drangen erleichtert nach oben und entschwanden trippelnd, Hirt und Herde, bergauf, dort wo bald die Nebel in die Gassen hereinhingen; und so kamen sie jeden Morgen wieder und brachten die Milch in ihren Eutern.

Wir betreffen uns häufig dabei, daß in Trümmergestalt Bauten der Griechen uns stärker ergreifen als einige, die erhalten geblieben sind. Wenigen ist in Athen jener Tempel, der wohl dem Hephaistos gehörte, der liebste Bau, obwohl er ganz steht. Eine Stufenbasis, zwei Säulen mit einem Rest an Steingebälk, eine windverschliffene Trommel, ein Profilstück, abgestürzt zwischen Wolfsmilch und Kapernsträuchern, das kann uns anrühren, und das Vollständige läßt uns kühl. Akragas, sagt Pindar, war die schönste von allen Städten der Sterblichen, und am herrlichsten waren ihre Tempel, hoch auf der Mauer der Meerseite zugewandt. Von diesen Tempeln also in Agrigent müßte die sogenannte Konkordia uns am meisten zu sagen haben. Und wir sagen uns: ja, das ist ein vollständiger, kaum verbauter Tempel. Aber merkwürdig, so recht glauben wollen wir ihm nicht.

Das aufgerissene hohe Geviert der Juno Lacinia droben, die paar stämmigen Säulen vom Tempel des Herakles, selbst die Wüstenei des vormaligen Zeus Atabyrios mit den zerschmissenen Atlanten, wo in Riesenmaßen etwas Östliches anklingt, ein Ergrausen sich einstellt vor einem Unterfangen, in dem Hybris und Ehrfurcht durchdrungen waren –, das alles beschäftigt uns mehr als der geschonte Peripteros, den wir aus dem Lehrbuch zu kennen meinen und den seine Taufe gerettet hat.

Für unsere Zurückhaltung gibt es allerlei Gründe. Es scheint, als habe noch immer unser Blick Mühe, konservierte Klassik nicht zusammenzubringen mit den Korrektheiten fleißiger Regierungsbaumeister, welche die Städte verschönten, worin wir aufgewachsen sind. Mancher von diesen Baumeistern war übrigens nicht einmal so schlecht. Langweilig meistens. Wir räumen uns selbst ein, daß Bauten der Griechen aus klarer Addition entstanden, deren Posten erkennbar bleiben und auch als einzelne Glieder schön sind. Bei anderen Bauten, und sobald der Zusammenhang fluten müßte, anstatt zu stehen, sobald Durchdringungen auftreten und Verschleifungen, wird das Ruinöse schmerzhafter. Das Fragment wird unverständlich und interessant. Es gibt keine interessanten griechischen Ruinen.

Störrisch aber sträubt sich noch immer unser Bewußtsein gegen das Zureden, daß der Stoff, dieser Werkstoff, dessen Vorzüge uns so fromm stimmen, für die Bauleute ohne Belang gewesen sei. Alle die schönen warmen Marmore, sagen wir uns, all diese gelblichen, all diese regenblauen und honigbraunen Kalke, diese Werkstücke mit ihren Unregelmäßigkeiten der Struktur, ihren Muschelschalenbrüchen und ihren atmenden Porositäten, sagen wir uns, sollen wir uns fühllos eingegipst vorstellen, die Profile bunt abgesetzt, die skulpierten Teile farbig gehöht, benagelt mit Bronzeblechen? Auch der Zusammenhang mit der Landschaft, wie der Verfall ihn herstellte, hat nicht bestanden. Man durchschnitt ihn sogar. Man löste Einbettungen. Man hielt auf Stufen und Basen.

An die Plastik haben wir uns gewöhnt. In Athen, vor den Porosgiebeln, an denen das rote Rindsblut unter den Löwenkrallen träuft, die Dämonen rund und bunt glotzen, sahen wir alles ein. Aber wir haben eben keinen Tempel in seiner ersten Form. Wir möchten gern, daß die Tempel, die wir haben, so gewesen sein sollten, wie wir sie sehen. Mit schlechtem Gewissen fragen wir uns, ob wir uns willentlich betrügen. Den verderbten, den lückenhaften Text ziehen wir dem reinen Wortlaut vor. Wo soll es hin mit uns? Wir ermahnen uns zu den sachgemäßeren Visionen, um nicht romantischer Duselei verschrieben zu sein.

Nicht, daß es uns um die Sentiments zu tun wäre. Vielleicht sind auch griechische Reste schon so betrachtet worden, wie man Bergfriede im Verfall und melancholische Spitzbogen angeschaut hat. Da ging es um den Seufzer, um die Elegie. Übrigens haben Trümmer, die nichts als Trümmer sind, für uns keinen Reiz mehr. Allenfalls als Objekte. Aber bei den Griechen steigen keine Schleier auf, die Zerstörung entstellt nicht bloß. Sie scheint auch zu enthüllen. Der Gedanke wird deutlicher.

Wir ziehen ja nicht aus, um die Griechen nachzuahmen. Nachahmung war es, was die schwachen Sachen hervorgebracht hat. Emsigste Jüngerschaft fehlt oft traurig ihr Ziel. Wir wollen ja irgendwoanders als in der Vergangenheit ankommen.

Was ganz erhalten ist, läßt uns mehr den Abstand deutlich werden. Hoch und fremd: zurechtweisend und gebieterisch. Aber die Zerstörung nimmt uns an sich. Hier spüren wir den Zusammenhang. Alles deutlich, kein Stein sprachlos. Das Riesenhafte und das Zarte, alles gelungen und hingegangen, ganz glaubhaft erst, weil es hingegangen ist. Da bleibt nichts zu zweifeln wie an den Schreibtischen, an denen Wirklichkeiten erfunden werden, damit man sie in Zweifel zieht. Eins und ganz, wir brauchen nichts mehr zu konstruieren. So daß wir am Ende unseres Überschlagens uns dabei lassen, wo wir uns angetroffen haben: zu nehmen, was vor unseren Augen ist.

Die Höhle der Demeter

Hinab zu Demeter gelangte ich am letzten Abend, allein und schon im Zwielicht, denn die Sonne war in eine Wand aus Westen eingetaucht. Ich hatte das Glück, ohne Weg anzukommen; von den Tempeln her, durch wirr bebautes und durchschnittenes Gelände, zwischen Gärten mit bläulich gekalkten Stämmchen und sprossenden Ruten, durch Höfe und Ställe, wo man mir Durchlaß gab, auf schmalen, zwischen Mauern laufenden Steigen fragte ich mich durch. Endlich der steile Hang, kahl, grau, mit einem Föhrenschopf, wie von weitem angemerkt, ganz oben der graue Steinwürfel von San Biagio, dann ein alter, schon nicht mehr befahrener Weg, ganz aus dem nackten Fels mit tiefen Radspuren ausgekehlt, mit Tropflöchern und Regenwasserrinnen, weißer Kalk, jetzt fahl leuchtend. Kein Mensch mehr, die Stunde lag gut: im abschüssigen Fels eine Staffelschnecke, die steil hinabführte.

Es ging hinab am kahlen Hang, unten bebauter Bachgrund, Gärten, zartes Astgewirr, dann wieder jenseits hinauf zu Schroffen und Weidehängen, da und dort Löcher im Fels wie Augen. Die Stadt im Rücken, kein Zeichen mehr, kein Laut, keine Spur einer so nahen Stadt, alles wie anfänglich und bevor Akragas auf dem Berg wuchs, weit vor allen Namen. So ging es hinab und blieb günstig. Ein Mann war unterwegs, ernsthaft, bäuerlichen Aussehens; auf meine Frage kehrte er gemächlich mit mir um. Kein Laut von Menschen, erst allmählich merkte ich, daß der Mann der Wärter war, der sich eben hatte entfernen wollen. Ich weiß nicht, wie der Besuch tagsüber gewesen war und wie stark er am nächsten Tag wurde, jetzt jedenfalls hatte der Gang nichts von einer Besichtigung. Ruhig, einläßlich, so wie man einen zufällig Fremden in seinen Garten mitnimmt, selbst wieder aufmerksam werdend, trat der Wächter mit mir ein.

Die Höhle der Demeter unter dem Stadtberg von Agrigent: die Baureste vor dem Eingang stören, hinter dem Quaderwerk vorbei muß man gegen die Öffnung im Felsen empordringen, die man gerne frei liegen sähe. Der Bauer wies auf die Tonröhren, aus denen das Höhlenwasser einst in das Heiligtum floß. »Mein Wasser«, sagte er und zeigte ein wenig seitwärts, wo ein kleines Anwesen auf einer Terrasse nicht übel anzusehen war. »Mein Haus, und das Wasser ist jetzt das meine. Wir trinken davon.«

Er zog aus der Tasche eine Kerze und zündete an. Der Gang, der sich in den Berg wand, sich verzweigte und in niederen, glockenförmigen Räumen endete, glich unseren Höhlen im Kalk, wie wir sie wohl kennen. Eine alte Quellhöhle. In einem Halbrund ein nabelähnlicher Buckel. Der Mann hob die Kerze hoch und zeigte mir, wie die Wangen der Gewölbe löcherig waren; es sah zuerst aus wie lauter natürliche Rauhigkeiten im Stein. Viele hundert Kerben, Scharten und Nischen lagen dicht aneinander, viele ausgewaschen, viele von Menschenhand ausgekehlt. »In allen den Löchern«, sagte der Wärter, »hatten sie Tonfigürchen eingelegt.« Weihbildchen, welche die Besucher brachten, wir kannten sie aus vielen Sammlungen, Figürchen vom einfachsten Umriß mit der Geste der Verehrung. Fingerlange, spannenlange Idole. »Erst schienen die Funde selten«, sagte der Mann –: »aber seitdem wir sie finden gelernt hatten, wurden sie zahlreich. Wir fühlten die Spalten ab, kratzten im Lehm. Überall waren sie zu finden.«

Als wir herauskamen, war es fast Nacht geworden, die Luft stieg aus dem Grund kühl, aber bewegte die Kerzenflamme kaum. Wir standen noch ein paar Augenblicke, zwei unbemerkte, verlorene Menschen vor dem dunklen Tor, die Lichter in der Hand, ehe wir sie löschten. Der Höhlenmund öffnet sich gegen Osten, so befanden wir uns auf der Nachtseite des Berges. Gegenüber, auf dem kahlen Hang lag noch ein bleicher Nachglanz. Man sah wenig mehr, und der Geruch war jetzt das meiste.

Die Kaiservilla

Die römische Villa in Piazza Armerina hätten wir vielleicht nicht aufgesucht. An den Richtungen, wohin es uns zog, an der Art, unsere Vorhaben einzurichten, merkten wir, daß auf dieser Insel das Römische die geringste Lockung auf uns übte. Wir hatten auf die wilden und rauhen Steingebirge der Mitte gebrannt, darin das herrische Enna in seiner stürmischen Luft, entrückt den seefahrenden Völkern, die erobernd die Küsten in Besitz nahmen, und stets als die letzte trotzige Zitadelle verteidigt und berannt; und zum Beispiel am Pergusa-See hatten wir lagern wollen, den man kennt, weil von seinen Ufern weg Persephoneia, das Mädchen, auf schwarzem Gespann zu den Untern entführt worden ist.

Und wir fanden das Seebecken auch, wassergefüllt, in einem harten funkelnden Blau erglänzend; so viel Wasser auf einer durstigen Insel, kühl, süß, eine Frische versendend, es mußte ein Entzücken für Inländeraugen, ein Aufatmen für verschmachtende Lungen sein: »Il lago«, schloß unser Fahrer, indem er den Gang herausnahm; und sein Ton hieß: Seht, ich habe nicht zuviel versprochen.

Aber wo war nun Kore, das Mädchen, gegangen? Wo sie gegangen war, ihre Blumen pflückend, war der Grund kahl, er war aufgerissen und von Radspuren und Gleiskettentrakten zerwühlt, eine Art Bauplatz, eine Schutthalde gegen das Wasser hinunter, ein grindiges Ufer um das blaue Wasser herum, an dem es unseren Heimatländern nicht fehlte. Ein Streifen Lands war mit Nadelbäumchen dürftig angebaut, und eine Kolonie nackter, noch roher Ferienhäuschen setzte sich dem Licht aus und stand unbehaglich da.

Nein, unser Fahrer konnte es nicht begreifen, wieso der Anblick der Tännchen, wieso dieses Wasser und diese Häuschen uns lachen machten, an den See hatten wir gewollt, er hatte den See uns verschafft, »il lago« – rief er auffordernd, und dann dringlicher: »il lago, il lago!« und achselzuckend endlich, vergeblich ratend, was eigentlich wir uns unter einem lago vorstellten: »un lago?« Dann aber erfaßte er plötzlich, daß er auf solche Weise uns nun dennoch dahin würde bringen können, wohin er gewohnt war, Gäste anzuliefern, und wo sich wohl ebenso gut und besser mahlzeiten ließ: nach Piazza Armerina, wo die römische Villa eine Sehenswürdigkeit der ersten Klasse war.

Die Stadt, mit ihren Dach- und Würfelhalden flimmernd, gegen die Wucht ihrer Hauptkirche ansteigend, die rechtwinklig, römisch, würdig mit ihrer Kuppel über dem Ganzen herrscht, die Stadt Piazza Armerina bleibt hinter einer Krümmung schnell zurück, sobald man in den engen Talschnitt eingebogen ist, der zu den Ausgrabungen hinunterführt. Das Tälchen, das man durchfährt, läßt eine Ahnung von Gartenlandschaften entstehen, wie die Insel sie vor ihrer Ausplünderung und Entwaldung vielfach besessen haben muß. Ein Bach spendet Grün und Feuchtigkeit, und die einfache Anmut seiner Ufer mit Haseln, Weiden, Platanen und hoch aufschießenden Pappeln hat etwas von nördlichen Aulandschaften. Eine Talbucht ließ Raum, um großzügig zu planen und sich auszudehnen. Der Tallehne angeschmiegt und vom Hangschutt endlich erstickt und versteckt, hat die Villa dort mit ihren Mauerzügen und Pavimenten die Jahrhunderte überdauert.

Mit ihren Maßen übertrifft die Anlage die Vorstellung, auf die unser nördlicher Gebrauch des Wortes Villa vorbereitet. Wir würden von einem Landschloß reden, und am besten träfe das altertümliche: Lustsitz. Aus der Planung geht hervor, daß kein anderer Zweck, als der Genuß des Daseins ihr zugrunde gelegen hat. Was erhalten ist, bewirkt volle und mühelose Schaubarkeit alles dessen, was einst bestand. Den Ruhm dieses Herrensitzes machen aber vor allem die ausgedehnten, herrlich erhaltenen Mosaikflächen aus, die figurenreich alle die Fußböden in Zimmern und Wandelgängen schmücken. Die Arbeiten an ihrer Freilegung waren noch nicht abgeschlossen, wir sahen einen Teil der Böden ausgeschält und mit aller Sorgfalt begradigt und neu befestigt; andere Teile waren, um sie bis zu ihrer endgültigen Konservierung zu sichern, wieder sorgsam mit einer Lage des trockenen Sandes abgedeckt. Ein Arbeiter war bereit, uns mit seiner Kelle Stellen freizuräumen, die er für besonders betrachtenswert hielt; er wartete schweigend, bis wir genug gesehen hatten, dann scharrte er behutsam wieder zu.

Die Mosaiken fesseln vor allem durch ihre Gegenstände. Die Fülle des Lebens, die Gaben der Erde, die den Mächtigen eines imperialen Volkes zufließen, exotische Formen, die der Schaulust dienen, Pflanzen und Getier fremder Zonen, Versammlungen, Aufbrüche zu Prunkjagden und Fangzügen, deren Strecke und beladene Heimkehr, das alles wird in lebhafter, teilweise großartig gesehener Bewegung vorgetragen: in all diesen Ausbreitungen ein Ton von Luxus, von bequemen Sättigungen, vielleicht schon ein Hauch des Ermattens in der Lust-Anstrengung; der Erdkreis hat all das Seine beigetragen zum Behagen derer, die solche Estriche begehen dürfen, und auch das ist nicht genug. Es ist die Farbe, die Gebärde, es sind die Mienen einer Welt, deren Villen und Garnisonen in Syrien und Britannien, an der Mosel und am Nil sich gleichen. Das Handwerk dieser Arbeiten ist locker, von virtuoser Lässigkeit, die nervöser Impression entspricht. Dem Verfahren, Steine zu setzen, ist von sich aus etwas streng Gebundenes, Tektonisches zugehörig; daß dabei das Flimmerig-Huschende, der fließende Übergang, das Atmen der Fläche zu seinen Möglichkeiten zählt, darin liegt einer der vielen Reize des Mosaiks.

Bewegt man sich über diese Flure, wird man allerdings das Gefühl nicht los, man befinde sich in Räumen, die nicht durch einen Rang, sondern allein durch Reichtum geprägt worden sind. Beim Begehen alter Stadtfelder, wie denen von Paestum oder von Selinunt, des Stadthügels von Segesta gehört es zu den eigentümlichen Betroffenheiten, zu gewahren, wie kaum eine Spur ihres Tageslebens erhalten ist. Eine von Tritten gehöhlte Schwelle, eine Zisterne mit eingestürzten Rändern, ein Angelstein mit der Eintiefung, in welcher der Zapfen der Tür sich drehte und ihn ausrieb, diese fast unfindbaren, bodengleichen Reste eines Lebens, das sich offenbar selbst für gering und keines dauernden Zeugnisses wert ansah gegenüber dem Ungeheuren jener Bauten, die niemand und allen gehörten, die weder abwarfen noch eine Bequemlichkeit anboten, die zu keinem irdischen Gebrauch errichtet gewesen sind und deren hohe Bestimmung es angemessen erscheinen läßt, sie jetzt nach Jahrtausenden aufzusuchen und zu bewundern – diese kärglichen, von Zufällen bewahrten Überbleibsel, im Vorbeistreifen wahrgenommen, rühren seltsam genug unsere Menschlichkeit. Dagegen stellt sich bei ausgiebigem Durchstreifen profaner und privater Bezirke manchmal das Gefühl von etwas Unpassendem, ja Lächerlichem ein, sobald man sich vergegenwärtigt, welch tiefe Aufmerksamkeit man einstigen Fleischerläden oder Schusterwerkstätten widmet, welche Andacht man an Orten wie Pompeji den Intimitäten mittlerer Bankiers zukommen läßt.

Der Sitz in Piazza Armerina ist freilich mehr, selbst für den Sommeraufenthalt eines Caesars nicht zu kleinspurig; der Name der Villa Imperiale, er scheint nicht fehl am Platz. Andererseits fehlt ihrem Prunk das Offizielle, die Gemessenheit, die auch noch in der Entspannung den Prunk als Gedanken, als eine Pflichtleistung rechtfertigt. Die Kunst, die aufgeboten und bezahlt wurde, hat die Atmosphäre des Reichtums zu steigern, hat zu unterhalten, aber nicht Ansprüche zu erheben, und angesichts etwa des Paviments mit den berühmten Mädchen in Bikini-Anzügen stellt sich das Gefühl von etwas Flachem ein, wie überall dort, wo dem Sanitären, dem Komfort mehr Aufmerksamkeit geschenkt wird, als ihm zukommt. Es gibt kahle Wände, nackte Steinfliesen, bei deren Anblick uns Bewegung überkommt im Vergegenwärtigen dessen, welche Hoheiten, welche Würden des Geistes diese Wände entlang, über diese Steine getragen worden sind.

Hier aber meldet sich der Gedanke, das Leben, das über diese kostspieligen Estriche ging, sei zwar gepflegt und voller Annehmlichkeiten, aber es sei nicht edel gewesen. Der Mensch, wo er genießt, ist der Verewigung nicht wert. Denn der Genuß kann machen, daß er dann und wann seine Schranken vergißt, der Verzicht hebt ihn über sie hinaus. Deshalb auch läßt die Sättigung, die in solchen Schöpfungen verkündet wird, auf ihrem Grund eine Trauer spüren, läßt einen Bedarf zurück, während ein Triumph sich in uns meldet vielleicht vor einer regenzernagten Metope aus Selinus, die es duldet, daß wir sie betrachten, und die nicht gemacht war dafür, daß sie jemand sah.

Schwarze Steine

Wir fuhren vor der Sonne her, und wie die Ortschaft gegen uns kam, waren es zuerst lauter blendende Wände, lauter Würfel, einer über dem andern aufgestockt. Als wir durch die Einfahrt tauchten, breitete sich das Nest noch über einen zweiten Hügel hin aus, während zwischen Hügel und Hügel eine tiefe Mulde einsank. Die Mulde sowohl wie die beiden Buckel waren mit den würfligen Häusern vollgepackt. Zugleich zeigte sich seltsam, daß es auf dem einen Hügel weiße, auf dem anderen schwarze Häuser waren. Die Hälften schieden sich scharf. Da die Straße sich wand, wechselten rasch die hellen und die beschatteten Vierecke, schoben einander und deckten sich. Merkwürdig leer schien der Ort, leer, steinern; zugleich kam die Luft anders an, ausgefegt, beinahe kalt; ein kaltes Licht blieb es, auch wo es ein paarmal auf Ranken und Blattwerk feurig flackerte. Als wir aus der hellen in die dunkle Hälfte wechselten, sahen wir die andere Beschaffenheit der Steine, schwärzlicher, blaugrauer, rauchbrauner Tuff, porös wie lockeres Brot, Oberflächen, die alles Licht einsogen und behielten. Selbst eine Mimose in Blüte stand gegen den Himmel als schwarze Quaste, nur die Bällchen ränderten sich mit einem Schwefelflaum.

Wir kamen hinaus, und weder Baum noch Feld erneuerten sich hinter dem Ort, den wir durchfahren hatten. Die Hügel blieben kahl, die Straße im Steigen. Für ein paar Augenblicke konnten wir weit und tief abwärts sehen in eine Ebene, die baumreich dalag, angebaut, bunt geteilt und von weißen Gehöften flimmernd; dort unten lag die Luft weich und blauflüssig. Gegen uns aber schoben sich bald wieder öde Kuppen heran, die den Blick sperrten, dann wieder freie Fläche, da und dort von Steinhöckern, von seltsamen Buckeln und Warzen gerauht. Und wiederum waren es bald nicht mehr Buckel und Warzen, sondern bald sahen wir alle Weite wie mit einem schwarzen Hagel bedeckt. Faustgroße, kopfgroße Schloßen, dazwischen Bomben wie Kürbisse, eisenbraun oder spangrün angelaufen. Es war deutlich, daß wir in eine vulkanische Zone einfuhren. Einmal hielten wir an, um die Brocken zu fühlen und in der Hand zu wägen; sie hatten eine Wärme in sich, die sie aus der Sonne sogen, obwohl doch die Luft kühl war. Da und dort sahen wir diese Steine zu Haufen getragen, mühsam abgeräumt, so daß zwischen den Haufen ein paar Fuß karger Heidenarbe frei wurden, und wir sahen auch Hütten aus solchen Brocken aufgeschichtet, rund wie Bienenkörbe. Sie waren so niedrig, daß nur ein Kauernder in ihnen Schutz fand. Gewitter auf diesem entblößten Hochland mußten ihre Schrecken haben. Endlich hörten auch die Hirtenspuren auf.

Weder Baum noch Tier noch ein Mensch noch ein Tun von Menschen gab jetzt einen Maßstab mehr. Auch die Luft, klar wie Glas, ließ nah und fern gleichmäßig unterscheiden. Felsnasen von absonderlicher Form, Hauer, Kämme und Sägezähne sprengten den Grund und stießen aufwärts; aber es war nicht abzuschätzen, wie weit es zu solchen Gebilden war. Unzählbare, schwärzliche Punkte, hinter jedem schwärzlichen Punkt ein tiefschwarzer Tupf, sein Schatten. Für Menschen war diese trostlose, böse gesprenkelte Landschaft nicht. Vielleicht lag sie auf einem Mond. Wir gehörten nicht hinein.

Plötzlich sahen wir voraus an der Straße zwei Männer. Es waren zwei Männer mit Gewehren, und man sah sie von weit. Sie standen bewegungslos; als wir näherkamen, schien das schräge Licht grell auf Gamaschen und Lederzeug. Ein paarmal hatten wir an diesem Tag schon Doppelposten getroffen, die Fahrzeuge anhielten oder an Wegekreuzen beobachteten. Eine Fahndung mochte im Gang sein. Uns betraf sie nicht. Dennoch, man spürte die Streife in dieser Wüstenei nicht wie Menschen, die willkommen gewesen wären. Es waren Bewaffnete, und von ihrem Anblick ging nichts Freundliches aus.

Unser Fahrer nahm das Gas weg und rollte langsamer. Bis auf wenige Schritte waren wir heran, sie starrten uns scharf an, noch immer unbeweglich, dann hob der eine die Hand, lässig, zu einem Zeichen, das uns passieren hieß.

Anstatt daß aber der Wagen anzog, geschah etwas ganz Unerwartetes. Der eine der Männer, indem er den Karabiner auf den Rücken stieß, war plötzlich mit einem großen Schritt dicht am Schlag, und zugleich bremste der Wagen mit einem empfindlichen Ruck. Der Fahrer schoß aus dem Wagen, und dann schossen er und der Posten mit den Köpfen zusammen. Sie küßten sich, ohne sich zu verfehlen und mit einer Geschwindigkeit, die Staunen erregte, auf die eine und sogleich auf die andere und dann noch einmal auf die eine Wange, und als sie sich geküßt hatten, ließen sie sich los und brachen in ein lautes, sich blitzschnell ablösendes Rufen aus.

Wir konnten dem Sinn dieser Rufe in einer unverständlichen Mundart nicht folgen, aber deutlich war, daß es eine ganz unvorhergesehene, herzerschütternde Begegnung sein mußte. Das Erheiternde dieser plötzlichen Lösung in einer so finsteren Zone machte zufrieden, wir horchten teilnahmsvoll, uns bequemer setzend; es war, als fiele für jeden etwas von dieser Begünstigung ab. Offenbar ging es wieder zu Menschen.

Es schallte hin und her, kein Augenblick der Verwirrung, kein Zögern. Sie spielten sich die Worte zu, rissen sie sich vom Mund, gaben einander Einsätze, führten die Begegnung zu Ende wie einen kunstreichen, längst einstudierten Dialog, der plötzlich zu seiner Höhe gelangte und mit großer Gebärde schloß. Denn schon hatten sie sich ihr »ciao« und »auguri« zugerufen, küßten sich noch einmal wie vorher und ebenso geschwind. Der Carabiniere trat zurück. Der Wagen rollte wieder.

In kurzem ging es bergab. Wir brachten eine Kehre hinter uns, und die Straße sank zwischen Steineichen, die eine Fülle grauen Laubs trugen. Die Straße war von Mauern begleitet, dunkel und weiß gescheckt. Bald saßen die schwarzen Steine nur noch als spärliches Sprengsel darin. Wir fuhren zwischen Ölgärten.

»Das war Luciano«, sagte der Fahrer, seine Mütze lüftend. – »Luciano, mein Freund. Madonna! Aus meinem Dorf, und wie Brüder sind wir zusammen gewesen. Und dann der Krieg, und elf Jahre haben wir uns nicht gesehen, Luciano und ich, und er steht da, und ich komme, und wir kennen uns im gleichen Augenblick. Mamma mia, und sehen uns.«

Und wir wünschten ihm Glück und sahen das Jähe dieser Begegnung noch einmal vor uns, Anruf und Tränen. Einer findet den andern wieder und kennt ihn, den er ja kennen muß, denn er hat ihn nicht vergessen. Aber er trifft auch sich selbst, den er viel eher vergessen hat; er war schwerer zu behalten. Er kennt den andern, und der andre kennt ihn auch, er selbst kennt sich nicht mehr und muß es doch immer noch sein. Woher und wohin? Die Mauer war jetzt aus lauter weißen Steinen. Wir fuhren im Schatten; Löwenzahn schimmerte unter den grauen Ölbäumen. Bald sahen wir auch das Meer vor uns und auf ihrer Landzunge unsere Stadt, die noch rosig blühte.

Ein Ausbruch des Ätna

Den ganzen Tag brachten wir am Meer zu, und die Sonne brannte herab, und der Wind ging zwischen Plaudern und Brüllen, er fegte die Klippen. Die Küste war ganz leer, nichts als Kalk, weißgrauer Kalk mit Sprenkeln einer kurzen Grasnarbe, mit ein paar Büschen Wolfsmilch und Rosmarin. Der Kalk war zerklüftet und seine Oberflächen wie von peitschenden Tropfen zerlöchert, so daß der Fuß wie auf Raspeln ging. Versteckt in einer Bucht, die man erst erkannte, wenn man an ihren Rand trat, lag das Dorf Santa Panagia, sofern es noch ein Dorf zu nennen war: ein Halbdutzend Häuser, die meistens verlassen schienen, eine Kirche, dem griechischen Namen geweiht gewesen, gleichfalls zerlöchert und mit eingestürztem Dach, alles derselbe Stein und ineinander verbacken. Kein Baum; überall brach es jäh und tief zum Meer ab.

In einem Spalt, der die Felsen zerriß, trafen wir auf eine sichtlich uralte Steintreppe; sie führte hinab und endete in einer unteren, unbegehbaren Klippenzone, wo das Wasser in Kesseln toste und die Wände den Schall zurückwarfen. Hier war es schattig und kalt, es roch stark nach Tang, man sah zwischen Brechern, wenn die Flut sich glattzog, helle Felsgründe, von Seeigeln wie von schwarzen Kletten besät; rotes Getier blühte in Wannen. Die Auswaschungen zeigten seltsamste Formen; in Kanälen und Schneckengängen schnarchte und klagte es. Dann drang Wasser zwischen den Riffen wieder hoch schäumend ein, schwoll und stieg gegen die Felskehle, lehnte sich an sie und fuhr gurgelnd zurück, an Tangschöpfen zerrend.

Aufwärts kletternd tauchten wir an das wärmende Licht wie aus Kellern. Der Kalk war weiß, das Meer blau, und der Ginster blühte mit gelben Fähnchen. Über die Bucht hin stand der Berg Ätna licht wie ein Geist. Man sah die Küste nicht, über welcher er aufstieg, man unterschied auch nicht seine unteren Zonen; aber sehr hoch, so hoch, daß man dort keinen Berg mehr vermuten mochte, trat sein Gipfel heraus, gleißend und weit hingedehnt. Die Stunden wichen; Mittag ging vorüber. Wir hatten nichts zu essen mitgenommen, da wir nicht damit rechneten, so lang zu bleiben; aber von dem Ort trennen mochten wir uns nicht. Der Durst machte uns eine Weile zu schaffen; dann vertrieb der Wind ihn. Glocken von weidendem Vieh, Hirtenpfiffe drangen in unseren Halbschlaf. Wir sahen Burschen zu, welche die Klippen durchstiegen und sich Seeigel fingen. Auf der flachen Hand hielten sie die stacheligen Kugeln, schlugen das Messer in sie und schlürften die Schalenhälften. Dann trippelten Ziegen vorbei.

Der Wind blieb auch am Nachmittag stark, er trommelte über die nackten, tausendporigen Felsbarren. Allmählich umzog ein Schleier den Ätnagipfel, dann eine Wolke, die rasch wuchs und ihn einhüllte. Auch am Himmel legten Zirren sich wunderlich durcheinander. Plötzlich wurde uns deutlicher, daß wir dicht unter den Mauern des alten Syrakus lagen. Da und dort saß noch ein behauener Stein auf dem andern in dieser Verlassenheit; im Geröll steckten Scherben. Ein wilder Feigenbaum streckte sein Geäst aus einer Grube, die ein Grab oder eine Zisterne gewesen war. Im Schlaf hörten wir es donnern. Wenn wir aber betäubt die Augen öffneten, stand der Himmel frei über uns und die Sonne unverhüllt. Es war im Schlaf gewesen, als schüttere es in den Felsen. Aber das Wasser schlug wohl mit Macht gegen sie.

Wir erwachten erst wieder, als die Sonne ziemlich tief gesunken war. Auch der Wind war abgeflaut, und zum erstenmal sahen wir mit Bewußtsein gegen das gelb wallende Licht die Ebene, die sich zur Linken von unserem Steilufer fortzog. Staubfahnen wanderten dort, und ein Bach, der in eine kleine Bucht fiel, gliß an ein paar Stellen. Wir nahmen den Ort wahr, der uns bisher nur in Karten gestanden hatte, und erkannten ihn mit einer Art von Schrecken. Dort an dem flachen Strand hatte die unselige Landung der Athener sich abgespielt. Dort waren die Kiele auf den Sand geschurrt und waren die Lager geschlagen worden, Staub wölkte auch damals, und zu eben jenem Bach hatten Tausende sich gebückt, um zu trinken. Nikias war dort gegangen, zum Untergang bestimmt, Alkibiades war davon, als das Staatsschiff erschien, um sich seiner zu bemächtigen. Das alles gegenwärtig, die Zeit für Atemzüge außer Kraft. Der Ginster roch stark, und die Sonne ränderte die Sprossen des Feigenstrauchs, der aus der Zisterne aufschoß, und ränderte die Wermut- und Wolfsmilchstauden. Er hat alles gewußt, dachte ich, Nikias, der dort unten gegangen ist, ein vornehmer Mann, langsam und sehr vornehm; sie haben ihm zugesetzt, und er mußte tun, was er nicht wollte, und konnte sich nicht heraushalten; die Stadt, gegen die er nicht hatte kämpfen wollen, nahm ihm sein Leben.

Unser Blick fiel wieder auf den Berg, dessen Haupt frei geworden war, sich aber seltsam verändert hatte. Es war kein Gewölk mehr da, doch zog ein brauner Rauchstreifen, vom Wind mitgenommen, nach einer Seite ab wie ein gerader Strich. Der Schneeglanz war geschwunden; ein riesiges dunkles Tuch aber schien in der Höhe ausgelegt und reichte weit herunter.

Als wir auf der Hochfläche gingen und die Sonne hinunter war, sahen wir zwischen den Ölbäumen durch, wie der Gipfel ins Glühen kam. Der Berg glühte in der Bläue wie ein rotes Schüreisen. Er war ausgebrochen, während wir unseren stillsten Tag gelebt hatten.

An der Quelle Arethusa

Immer habe ich Münzen von Syrakus am meisten geliebt der Arethusa wegen, deren Antlitz sie gerne zeigen. Vor allem wie es auf einem Stück, einer Tetradrachme, erschien, hat ihr Bild mich begleitet, ja öfters zu glücklichem Schrecken geweckt. Arethusas Haupt ist nicht schmal, es hat so viel Breite und Fülle, als ein edles Haupt haben kann. Ihre Lippen sind heftig und herrlich geschwungen, voll Sprache, ohne daß sie doch etwas zu sagen brauchten. Die Augen strahlen übergroß aus dem spendenden Angesicht. Arethusa ist geschmückt. Von ihrem Ohr tropft eine Goldkugel nieder; um ihren Hals ist ein Geschmeide, durch ihr Haar ein Reif gelegt. Reicher aber als dieses Haar selbst, in das der Kopf gebettet liegt, gibt es keinen Schmuck; ein Feuergesträuch kann es ebensogut sein wie ein wallender Brunnen. So wird das Haupt zugleich ein Wasser- und Sonnenhaupt. Ich weiß nicht, wieviel Stunden ich im Banne dieses Gesichts zugebracht habe, das mit seiner Gewalt so unbegreiflich klein in der Münze beschlossen lag; das Glas holte es herauf, daß es dem Blick mit goldenen Lichträndern entgegentauchte; ihr Haar schwamm und wallte, wenn es sich unter der Linse verzog. Durch das Haar spielten die drei Delphine; sie wollen sagen, daß Arethusa beim Meer wohnt.

Ich habe auch damals, als Knabe, nicht geglaubt, daß man Götter erfinden könne, obwohl wir belehrt wurden, wir müßten sie als Personifikationen ansehen. So wußte ich von Arethusa deutlich, daß sie eine Wirklichkeit sein mußte, von jeher, beständig und süß, und keine Personifikation. Immerfließend und süß, eine Quelle, die auf einer Insel aus Kalkstein mächtig wallend aufsprang, dort war sie, und das war sie selbst: Wasser Griechenlands, unter dem Meer hindurch wunderbar hergeflossen. Freilich ist eine Karstquelle eine Naturerscheinung und kein Wunder. Aber was ist Natur?

Gemeinhin liest man in Reisebüchern, der heutige Anblick der Quelle sei unbefriedigend, ja enttäuschend. Dazu weiß ich mich nicht zu äußern. Ich gelangte das erstemal in der Mittagsstunde zu ihr, als sich auf der Promenade nichts rührte und das Meer wie eine Salzpfanne glitzerte und ein Staubgeruch aus den faulen Gassen trat; kein Geruch, der trieb; ein Überlaufen der stockenden Luft, müde und hoffnungslos. In einem Schattenstrich an der Mauer lagen ein paar Schläfer, in ihrem Schlaf zuckend, die Mütze auf dem Gesicht. Da beugte ich mich über die Brüstung und sah hinunter in den kühl wallenden Spiegel, über den der Papyrus hereinhing und dessen Reflexe an den Steinwangen flimmerten. Die Sonne von ihrem höchsten Punkt warf ihr Bild hinein, und da war nun Arethusa, bekannt von jeher, herrlich und heftig, ihr Wasser- und Sonnenhaupt in dem Flammenstrudel, in dem kühlen Feuernest. Auch die Fische fehlten nicht, die in der Quelle leben; sie tummelten sich durch ihr Haar. An dem heißen steinernen Ort, ein paar Schritte vom Meer und von Meersalz rings umgeben, der mächtige süße Quell: man begreift, daß Zeiten um Zeiten das Entzükken nicht versiegt sein kann, das Verwundern und die Lust zu danken und zu verehren. Wer sich sagen konnte, daß dieses Wasser ihm floß, durfte sich beschützt fühlen. Hier war ein Ort, um an ihm zu leben. Ich habe die Quelle oft aufgesucht. Einmal hob ich den Kopf von der Brüstung, als eben Nacht geworden war: da glühte der Ätna. Überall wohnten Götter.

Nikias steht in Syrakus

Endlich steht Nikias doch in Syrakus. Es ist zwar September geworden, aber der Tag hat noch seine volle Glut, nur daß die Nacht früh kommt. Die Traube bräunt sich, die Felder sind leer, staubig, die Stoppeln vor Hitze knisternd; viel Aas, das draußen fault, schrecklich schrillen die Zikaden. Das Meer schnarcht an den hohlen Kliffen, und die Stadt, lang gepreßt von Angst, fiebernd von Volk, verstopft von Unrat, stinkend von Entbehrungen, läßt sich brüllend gehen. Die Gosse kocht vor Geschrei, die Hörner heben sich auf den Zinnen. Nikias kommt nach Syrakus. Er kommt nicht, um zu diktieren und dennoch Maß walten zu lassen, wie es von Nikias zu erwarten stünde. Es ist nicht mehr weit her mit ihm, und seine Füße tragen ihn nur noch mühsam: ein nicht mehr junger und schwer nierenkranker Mann, der trotzdem nicht aufgegeben und der als letzter die Waffen gestreckt hat. So wird er sterben müssen.

Als letzter die Waffen gestreckt, obwohl er als erster und stets gegen diesen Feldzug auftrat. Er ist kein Mann des Volks und immer dann in Gunst gekommen, wenn der Karren verfahren war. Dann durfte er sich bewähren. Er hat sich öfters bewährt, wiewohl er nur zögernd in Macht und Pflicht eingetreten ist. Aber wer so reich ist, kann sich nicht heraushalten, und wenn er die Gefahr begreift, will er es auch nicht mehr. Immer hat er zu viel zu verlieren, als daß er sich heraushalten dürfte. Besser dran ist Alkibiades; der hat meist zu gewinnen. Nikias sieht viel und handelt langsam. Es heißt, daß er Glück hat. Diesmal greift es das Volk anders an; er soll gleich dabei sein, das spart die Mühe, ihn später zu holen. Darum stirbt er jetzt in Syrakus.

Es ist nicht das erste Kommando, das Athen einem Menschen gegen dessen Willen aufdrängt. Nikias selbst hat einmal als Sprecher Athens den Scharfmacher Kleon beim Wort genommen und ihn zu dem Unternehmen gegen die Insel Sphakteria gezwungen, auf der eine prächtige Truppe Spartas in der Falle sitzt. Kleon meint, mit ein bißchen Schneid müsse sie einer wie Fliegen patschen. Kleon schwitzt, als er wirklich ziehen muß. Doch der wahnsinnige Witz geschieht und läßt es Kleon gelingen.

Nikias aber ist nicht Kleon, für ihn geschieht weder Witz noch Wunder. Wenn er das Wort ergreift gegen die Landung in Sizilien und nochmals, nachdem er nicht durchgedrungen, Revision der Beschlüsse fordert, macht er es so simpel, daß seine Wendungen faßlich werden wie die Kleons. Kleon hielt es gern mit dem gesunden Sinn, der nicht viel Bildung brauche, um weiter zu kommen als Intelligenz, die ohne Halt sei. Das Volk von Segesta, sagt Nikias, hat seine Händel mit Selinus ohne uns angefangen, so soll es sie auch ohne uns hinausbringen. So etwas leuchtet sonst ein. Aber nicht jeder hat gleichen Erfolg mit Allgemeinverständlichkeiten. Redet Nikias so, kommt eine Art von Wahnsinn über das Volk. Es sieht in der Ferne Regenbögen. Es spürt dumpf, daß es nicht mehr siegen kann, so bricht es aus ins Abenteuer. Als würde man einen Krieg los, dessen Druck die Kehle würgt, indem man weit weg einen zweiten anfängt. Dafür muß Nikias sterben.

Kaum einer von denen, die den Griff nach Sizilien fordern, hat von Sizilien eine Vorstellung. Sie sehen den Zug an wie ein Unternehmen gegen irgendeine Insel, worin ja Übung besteht. Nur die Beute wird glänzender sein. Aber Nikias kennt die Kräfte. Traute er sich selbst nicht, so kennt er doch Perikles' Urteil darüber, wie weit Athen gehen kann. Er haßt dieses Abenteuer, für das vor allen Alkibiades sich begeistert. Vor allem Volk hat er den Gecken Alkibiades angegriffen, diesen Rennstallbesitzer, der Geld aus seinem Amt schlagen möchte und vermutlich noch mehr: heimkehren als Sieger über Syrakus, heimkehren als der Ordner Siziliens und vielleicht noch im gleichen Aufwaschen als Vernichter

Karthagos, einziehen als umjubelter General, in Athen die Macht ergreifen. Ein bezwingender Mann, den das Volk gern anhört. Aber das Volk will auch sicher gehen; so ehrt es ihn, Nikias, indem es ihn zwingt, gemeinsam mit diesem Alkibiades zu führen. Was in Athen teuer ist und einen Namen hat in Athen, schickt Athen in den Krieg nach Sizilien. Darum muß Nikias sterben.

Ein teurer, ein großspuriger Feldzug. Noch niemals vorher hat eine hellenische Macht solche Kräfte auf solche Entfernung in Marsch gesetzt. Der Aufbruch ist ein Fest, das Athen sich selbst gibt: die ganze Flotte, seefertig, voll bemannt, sechzig prunkvolle Trieren, vierzig Hilfsschiffe, spendet gemeinsam die Spendopfer und spricht die Gebete nach dem Vorspruch der Herolde, das Volk von Athen, gedrängt auf den Kaimauern und den Dächern, spricht sie mit. Endlich der Kriegsgesang, und die Schiffe stechen in See, anfangs in Kiellinie, dann aber, ausbrechend, um die Wette bis auf die Höhe von Aigina. Das sind die Gewässer, die einst bedeckt waren von den Trümmern der Perserflotte. Letzter, glanzvoller Übermut. Sie haben es eilig in ihr Verderben.

Dann das Verbleichen. Himmel, der sich langsam zuzieht. Die trockene Aufnahme bei den italischen Griechen. Fehlschläge, vorausgesehene Enttäuschungen. Syrakus, rosig auf seiner Insel, auf der die kühle Arethusa wallt, Wasser Griechenlands, unversiegbar, unbesieglich, Syrakus, starrend von ungeheuren Steinwerken, eine dorische Macht, unangeschlagen, bewaffnet, frisch. Angefallen jetzt von einem Athen, das im siebzehnten Jahr seines Kriegs steht, selbst eingeschlossen und jetzt Belagerer. Entsetzt wirft Athen nach, was noch verfügbar ist, neue Schiffe, noch einmal Truppen, die nichts wenden können. Märsche, Schlachten zur See, Ausfälle, wütende Stürme. Der Himmel bleicher. Lamachos tot, der Geck Alkibiades übergelaufen. Ein Mann mit Nierenschmerzen in seinem Zelt, der nach Athen schickt: nehmt mir das verfluchte Kommando ab.

Aber ihm wird nichts abgenommen. Verstärkungen und ein neuer Mitfeldherr, soviel wird geboten. Der letzte Abschnitt beginnt: Blut, Kot und Staub, versengtes Gras, ausgeglühte Steine, wunderbar strahlendes Meer, schwappend von Schiffstrümmern. Bald sind die Schiffe hin, und es bleibt nur ein Rückzug: ins fast unbekannte Innere, zu halbgesitteten Stämmen, die sich vielleicht freundlich stellen. Demosthenes drängt zum Abzug: jetzt aber hat Nikias den Kopf oben. Als erster und stets hat er gegen diesen Feldzug geredet. Sobald sich das Ende anzeigt, gibt er als letzter auf. Ein alternder Mann in seinem Zelt, schwer reich, schwer leidend, hellhörig, zäh. Er hört viel, denn ein reicher Mann hat überall Leute. Ein reicher Mann hat Verbindungen auch in eine Stadt, die von ihm belagert wird. Seine Leute lassen ihn manches wissen, was sein Kopf auch schon weiß: der Gegner ist nicht mehr viel besser dran, vielleicht ein wenig noch, aber nicht viel. Jetzt ist er, der niemals anfangen wollte, für Durchhalten. Wer den langen Atem hat, gewinnt diesen Krieg, den Nikias haßt. Wiewohl er ihn haßt, ihn gewinnen ist immer noch besser, als sich vor das Volk von Athen zerren lassen und sich für seinen Verlust verantworten. Das Volk wird ihm nicht verzeihen, daß er diesmal kein Glück gehabt hat. Auch die Mondfinsternis spricht gegen einen Abzug: neunundzwanzig Tage Verlängerung.

Immer noch sind es vierzigtausend, die aufbrechen, ohne die Kranken und Verwundeten, die nicht marschfähig sind. Nikias hat sich erhoben, er geht die Reihen entlang, geht zu Fuß wie ein Troßknecht, nur daß ein Troßknecht den Kopf hängen lassen und stinken und fluchen oder das Maul halten darf wie es ihn eben ankommt. Nikias aber flucht nicht und schweigt nicht, er muß den Mund aufmachen, weithin tönend. Er muß die großen Worte sagen, die jetzt erforderlich sind, und sich überall zeigen. Jeder muß sehen, daß Nikias, immer ein Mann des Glücks, keinen Deut mehr besser dran ist als alle. Jeder hat Anspruch darauf, daß er es sieht. Wichtig ist jetzt nur noch, daß geschlossen marschiert wird, denn der Angriff kommt von allen Seiten.

Bald ist es nicht mehr möglich, geschlossen zu marschieren. Niemand soll Athen wiedersehen. Auf den gelben Stoppelfeldern, unter den grauen Ölbäumen Siziliens liegen sie in Haufen, und die Zikaden schrillen betäubend, und die Fliegen schwirren. In Haufen, wie staubiges Vieh, schleppen sie sich in die Gefangenschaft. Ein paar Trupps setzen den Durchbruch fort. Demosthenes muß aufgeben, Nikias marschiert weiter, in allen Flanken angepackt; jede Furt besetzt, jeder Weg von Verhauen starrend. Immerhin wird der Gegner vorsichtig, niemand will jetzt mehr, wo der Krieg gewonnen ist, auf dumme Art sterben. Aber endlich die Schlächterei im Fluß Asinaros: sie schlappen das Wasser in sich, halb verdurstet, irrsinnig, und das Wasser ist von Schlamm trüb und dann schon dick von Blut und Schlamm, und sie schlappen immer noch, wahnsinnig, halb verdurstet, indessen die Reiter, hoch aufspritzend, zwischen ihnen umherreiten und die Pferde sie in den Schlamm treten und die Klingen hoch über ihnen blitzen, solang sie noch ächzend die Pfützen schlürfen. Jetzt ergibt es sich, Nikias, unter der Bedingung, daß das Morden aufhört.

Er hat sich Gylippos, dem Spartiaten, ergeben, nicht den Syrakusanern. Gylippos ist ein vornehmer Mann, und Nikias hat sich die Spartaner öfters verbunden, sofern man von einem Gegner Verbindlichkeiten erwarten kann. Sicher ist auch, daß Gylippos seinen Tod nicht will aus allerlei Gründen: zum Beispiel brächte er gern einen so prunkvollen Gefangenen nach Lakedaimon. Aber inzwischen kommt er nach Syrakus, und die Stadt, lang gepreßt von Angst, fiebernd von Volk, von Unrat verstopft, übelriechend von Entbehrung, läßt sich brüllend gehen. Die Gosse, verrückt vor Triumph, kocht. Hörner heben sich blitzend auf den Zinnen. Es ist deutlich, daß Nikias sterben soll.

Sterben aus allerlei Gründen: Gründe gelten nichts mehr, und doch hat alles Gründe. Nikias hat eine Partei in der

Stadt, viele haben etwas von ihm genommen. Jetzt können auch Freunde nicht dulden, daß man ihn leben läßt. Lebende sagen aus. Ein Toter belastet wenig, wenn es auf viele geht. Darum muß Nikias sterben.

Ein vornehmer Mann, zögernd in seinem Handeln, weil er immer zu verlieren hat. Der Himmel bleich, Mondfinsternis, dann September. Das Meer, weinblau, schnarchend an den Kalkborden. Er ist in das Spiel eingetreten, in Macht und Pflicht. Darum soll Nikias sterben.

Annehmen mußten wir und schlossen darauf auch aus Angaben in Handbüchern – oder waren sie leichtfertig verfaßt worden? –, annehmen mußten wir also, daß mancher Besucher schon Pantálica auf eine geordnete, wohlpräparierte Weise erreicht hatte. Aber unter mehr divertimenti? Kaum. Als sicher zeigte sich überdies schon, daß nach Ablauf eines Jahres oder doch binnen zweien oder dreien niemand mehr auf unsere Weise die alte Sikulerstadt würde suchen müssen. Er würde es nicht einmal können. Denn im Bau sahen wir, sobald wir auf dem richtigen Weg waren, die künftige Straße, ja wir gingen selber schon dies und jenes Stück auf der rohen Trasse dahin. Eine Straße, und sie versprach schon Annehmlichkeiten genug, virtuos angelegt, anmutig das Gelände überspielend, dessen Härten, dessen Einsamkeiten und Widerstände dann niemand mehr zu spüren bekam. Die Sehenswürdigkeit Pantálica wird dem Touristen nicht mehr allzuviel von seiner Zeit wegnehmen, schon die Umfahrt allein wird von dieser Straße aus einen Eindruck vermitteln dieses hexenhaften Talkessels mit seinen fünftausend und einigen klaffenden Grabnischen. Selbst durchs Fenster des Autobusses wird der besonders Eilige das Geschäft des Fotografierens erledigen können und also dagewesen sein.

Wie gesagt, eine Straße mit soliden Stützmauern, mit zuverlässigen Entfernungsangaben, mit Parkplätzen und einem Rasthaus wird es geben. Eine Beratung darüber wird sich dann erübrigen, von welchem Ort denn und mit welchen Hilfsmitteln man Pantálica erreiche und ob es von den respektiven Orten aus drei Kilometer zu gehen seien oder achtzehn oder fünf. Dergestalt wichen nämlich drunten in Siracusa die Angaben voneinander ab; und natürlich wußte von Pantálica jeder etwas, doch niemand schien, hörte man genau zu, in Person dort gewesen zu sein. Pantálica schließlich war ja auch kein Ort mehr, nur noch eine Örtlichkeit, ein Geländeabschnitt.

Einhelligkeit entstand schließlich darüber, daß es klug sein würde, wir führen nach Sortino. Nach Sortino gab es einen Zug, und schon sah es aus, als vereinfache sich das Unternehmen, bis jemand glaubwürdig einwarf, dieser Zug fahre nur einmal die Woche. Jemand anders ergänzte noch kühner, er fahre neuerdings gar nicht mehr. Ein Reisehandbuch empfahl kühn eine Station namens Necropoli Pantálica. Ein Sachkundiger, der sich ihrer entsann, warnte aber. Er gab zu erkennen, daß diese Station nicht wörtlich zu nehmen sei. Dem widersprach man selbst auf der Verwaltung der Ferrovie Secondarie nicht, zu der wir inzwischen vorgedrungen waren. Immerhin bildete unser Plan dort einen Zündstoff unter den Beamten, von denen gleichfalls noch keiner nach Pantálica hinauf- und hinabgestiegen war. Der Raum schwirrte von Stimmen. Sie verstummten ergriffen für einen Augenblick, als jemand erwog, einen Sonderwagen für uns auslaufen zu lassen. Doch unsere Zahl war zu unbeträchtlich, um ein solches Abenteuer zu rechtfertigen. Außerdem stand auch zur Zeit kein Triebwagen zur Verfügung. Schließlich stellte sich heraus: ein Omnibus, der früh nach Sortino hinauffuhr, unterstand gleichfalls der Verwaltung der Ferrovie Secondarie. Diesen Autobus gab es. Sogleich bestellten wir Plätze für den nächsten Morgen.

Und nun befanden wir uns also auf dem Marsch über die scheinbare Hochfläche. Viel Himmel und ein gewaltiger Ausblick; aber wohin es ging, sah niemand. Es war eines jener vertrackten Gelände, die zwischen Ölbäumen vielleicht einen Stall mit Hohlziegeln, eine gelbe Klippe zeigen, eine Wegstelle, die man nach hundert Schritten zu passieren denkt: zwischen den Ölbäumen aber und zwischen Stall und Klippe liegt unversehens eine Schlucht, in die es auf Ziegen- und Eselspfaden zweihundert und dreihundert Meter hinab- und drüben wieder hinaufgeht, und dann erst zeigen sich wieder ganz harmlos der Stall oder die ockergelbe Klippe, vorausgesetzt, daß es nicht noch eine zweite Schlucht zwischen uns und ihnen gibt. So blieb auch Sortino rosa und silbergrau immer noch uns zur Seite, wohl anzusehen und fast zu greifen. Wir hatten es bald rechts und bald links von uns und gingen ihm endlich wieder gerade entgegen, wiewohl wir uns einbilden konnten, immer geradewegs von Sortino weggegangen zu sein. Ich weiß nicht, wie viele Schluchten wir damals schon durchkrochen hatten mit abgründigen Schatten und klirrenden Geschieben im Talbett, mit Feigenbäumen und mit lila Anemonen auf den Grasbändern. In einer blieb eine Kirche zurück, dabei Gemäuer, sauber aneinandergemörtelt, lauter Rechtecke ohne Dach und mit Grün ausgefüllt, alles verlassen.

Oben aber, auf dem Rücken, schoß Weizen jung und lichtgrün zwischen den Feldmauern und Steinriegeln. Der Wind bewegte das Grün, und Ölbäume warfen ihre Schatten. Da und dort hob ein angepflocktes Maultier den Kopf. Menschen sahen wir keine.

Wir hatten in Sortino einen Führer mitnehmen müssen, obwohl wir nicht recht einsehen wollten, warum und wozu. Allein der Capo in Syrakus – ich weiß nicht genau, ob es der Capo war, aber sicherlich nicht viel darunter – hatte sich unser Wohl einen Teil seines Nachtschlafs kosten lassen und war zu unserer Ausfahrt persönlich erschienen, zugleich um uns mitzuteilen, daß er unseretwegen manche Anweisung schon gegeben habe und wir erwartet würden. Und er schwang sich auf und fuhr selber in seiner betreßten Mütze noch eine ganze Strecke mit, ein paar Haltestellen weit bis vor die Stadt, um sich zu überzeugen, daß wir richtig säßen.

Nach zwei Stunden dann in Sortino war es nicht ein Führer, der uns erwartete, sondern es warteten ungefähr dreißig Führer auf uns, ein ganzes Korps. Die Umstände waren verzwickt, denn ein jeder erwies sich als unser einzig bestellter und hervorragend empfohlener Führer. Es gab bemützte und unbemützte, halbwüchsige, vollkräftige und solche Führer für uns, deren Beine vor Alter zitterten. Dazu die schaulustige, wild angeregte Menge, die ohnedies auf der Gasse wimmelte. Denn alles scheint in diesen sizilianischen Dörfern stets und immer auf der Straße zu sein. Wo sind bei uns bloß die Menschen? fragt man sich hinterher nördlich der Alpen. Ich weiß nicht, wie sich schließlich die Angelegenheit mit der Führung entschied: entschieden wir sie oder wurde über uns entschieden. Langsam schien das Amt in feste Hände überzugehen. Eine Eskorte blieb trotzdem bei uns, die sich nur langsam verringerte. Zwei Dreizehnjährige, die wie die Ziegen sprangen, hielten die ganze Zeit durch. Sie schnellten an den Bäumen hoch und rauften sich grüne Mandeln. Ein Zwanzigjähriger in einem blauen Trikot, ein hübscher, schweigsamer Bursche, setzte sich hinter Sabine, die blond ist. Er lief ein paar Schritte hinter ihr, er drang sich nicht auf und erhaschte nicht viel, aber lief mit wie angesogen. Erst gegen Abend fiel uns auf, daß er immer noch bei uns war. Ein ganzer Schwarm stand am Ortsrand, als wir Sortino verließen. Solange man sich sehen konnte, winkten wir hin und zurück.

Es war ein heißer Tag, und es war Mittag geworden, und unsere Schatten legten sich ganz klein um unsere Füße, als unser Bauer, der uns jetzt führte, ein tiefbrauner, sehniger Mensch mit einem runden Rücken, auf dem er im Gehen die Hände liegen hatte, uns Platz nehmen hieß, um die anderen zu erwarten, denn unsere kleine Gesellschaft hatte sich weit auseinandergezogen. Es schien, als wären wir nun doch der Stelle näher gekommen. Denn unter den vielen Windungen und verwirrenden Ähnlichkeiten, unter den vielen »sù« und »giu« und »in alto« und »dell'altera parte« war es schwierig und endlich aussichtslos geworden, sich ein Bild zu machen, wo und wie weit unser Ziel lag. Die Lerchen sangen, und die Mandeln hingen groß und grün an den Bäumen. Offenbar sollte es jetzt von dem Trakt abgehen, den wir herwärts benutzt hatten und der sich teils noch als Feldweg schlängelte, teils schon die Vorlage der künftigen Straße trug. Rechts hinunter führte ein in dieser Öde auffallend stattlicher, hoch ummauerter Weg. Der Grund des Weges glich einem Bachbett, er lag so voll von großen Steinen, daß es mühselig war, bald von einem Stein zum andern, bald zwischen die Steine zu treten. Der Weg schien sehr alt und gar nicht befahren. Es war höchstens ein Maultierweg.

»Steine«, sagten wir.

»Steine«, sagte der Bauer, blieb stehen und sah uns zu, die Hände auf dem Rücken, mit dem beweglichen und geduldigen Blick, mit dem Bauern von Steinen reden. – »Steine«, wiederholte er. Es hieß bei ihm: Sass'! Sass'!

Der Weg wand sich, und nach ein paar Augenblicken, als er treppenartig zu stürzen anfing, hatten wir vor uns Pantálica. Dies also war ein Ort, eine Burg, eine Hochstadt Alteuropas gewesen. Das Gras glänzte auf dem hohen Rücken, und die Kalkzähne bleckten: nichts außer dem Namen war von der Stadt übriggeblieben. Liest man bei Thukydides nach, so tauchen Sikaner und Sikuler da und dort auf als Söldner und Partisanen in und zwischen den Händeln der Mächte, die sich an den reichen Küsten rauften, sie kommen in Zwischenakten herniedergestiegen aus den Inlandgebirgen, die man ihnen gelassen hat. Sie kommen als Fledderer, sie nehmen auch einmal ihre Stunde wahr zu einer Erhebung zwischen den Militärmonarchien. Die Zeit Pantálicas muß damals schon vorbeigewesen sein. Von ihrem hohen Ort aus sahen seine Bewohner an klaren Tagen das Meer, an dem sie nichts mehr zu sagen hatten. Sie durften Kunden sein, aber sie spielten nicht mit unter den Großen.

Der Weg, der jetzt vor uns abfiel, mußte schon damals uralt gewesen sein und ein Hauptzuweg der Stadt. Die Schlucht, in die er sich stürzte, ringelte wild zerrissen den alten Stadtberg ein. Am Hang kochte die Sonne, und die Felsborde glühten, auf die wir die Hand legten. Aber die Sohle unten lag im Schattenschlag, Wasser glitzerte dort oder ruhte still und kobaltgrün. Gegen die Schlucht hinab fielen die Böschungen steil und waren von Felsbändern wie von

Stützmauern durchzogen; endlich gingen die Abstürze in senkrechte Wände über, an denen kein Halt mehr war.

An allen den Riffen und Wänden sahen wir jetzt die Höhlen offen, in denen die Toten des alten Pantálica beigesetzt worden waren. Die Totenstadt war geblieben, wo von der Stadt der Lebenden kein Stein mehr auf dem andern lag. Wir sahen die Höhlen, und erst waren es noch nicht übermäßig viele. Aber je länger wir in die Talwindungen blickten, desto mehr Höhlen wurden es. Erst sahen wir nur die größten. Dann sahen wir da und dort unter einer Felsbraue ein neues Auge aufgeschlagen. Dann sahen wir Felsen wie Lebewesen von ungeheuerlicher Form, deren Leiber mit Augen übersät waren. Wir sahen viereckige, sauber ausgeschnittene Eingänge in Reihen wie Fenster an Straßenfronten. Wir sahen die Tore in Stockwerken, eins über dem andern laufen. Wir sahen ganze Wände von Fenstern durchschnitten; sie durchlöcherten den Bergstock wie ein Wurmfraß. Wir sahen endlich, daß es unzählbare Mengen von Höhlen waren. Sie lagen wie Fluglöcher in Bienenständen, wie die tausend Stollen eines Ameisenbergs. Der Blick wanderte all die Wände entlang und sah an jeder Krümmung neue Reihen beginnen. Jeder neue Fels zeigte die Zerlöcherung. Die fernsten Wände sahen aus wie von Scharen schwarzer Vögel beflogen, die dort rasteten. Alle die schwarzen Punkte äugten uns an.

Der Führer trieb, und wir folgten und stiegen ab in unzähligen Zickzackwindungen. Oft war der Weg in den Fels so tief gehauen und getreten, daß wir wie in einem Trog gingen. Die Kammern fingen an, uns zu begleiten und öffneten sich neben unserem kleinen Zug her Tür nach Tür, leer, die Verschlüsse abgefallen, die Falze, in denen die Deckel geruht hatten, sauber eingetieft; der Ginster blühte, die Sonne lag warm auf den schwärzlichen oder bräunlichen Kanten. Es ging noch tiefer, wir erreichten den Fluß und mußten ihn durchqueren, indem wir von Stein zu Stein sprangen. Hier unten war es kalt, und oberhalb der Furt bildete das Wasser

Teiche, in denen Wasserpflanzen sich regten; dann zog es stark schäumend zwischen den Trittsteinen ab.

Wir hatten einen Rastplatz ins Auge gefaßt an der alten Steige, da wo sie wieder in die Sonne trat, denn es schauerte kühl von unten. Der Platz lag herrlich, er war luftig und feurig, von oben fiel Hitze, Scherben knirschten im Steingeröll; der Ginster roch süß, und das Wasser im Grund sauste. Wir packten aus, denn uns hungerte; wir hatten Wein und Brot, Oliven, Käse und Früchte mitgenommen; Kraft durch eine ergötzliche Mahlzeit hatten wir unserem mückenhaften Leben zugedacht. Aber auch unser Betreuer zeigte sich um uns besorgt, denn noch einmal trieb er uns auf und hieß uns den Platz wechseln, ein wenig weiter hinaus auf eine Nase, die überhing. Erst fiel es uns lästig, aber dann begriffen wir seine Umsicht. Denn den ganzen hohen Hang hinauf regte es sich jetzt, und zwei Herden, die einander entgegenweideten, kreuzten sich dort, eine Herde von grauen Ziegen, deren lange Vliese und gewundene Hörner mit silbernen Lichtkanten glänzten, und eine von braunen Schafen. Die Tritte rauschten wie Regen und verursachten Steinschlag. Wir waren gewichen, nur Ariane und Thomas blieben sitzen, wo sie waren, unter dem Rosmarinbusch. Ein horazisches Paar: der Steinschlag rührte sie nicht noch der *Wolf der Sabinerberge.* Wir winkten hinüber. Übrigens auch Sabine hatte ihren Platz gefunden, und der Bursche in dem blauen Trikot den seinigen fünf Schritte von ihr, und wie immer sah er sie an. Wir teilten aus, teilten Oliven und Käse und brachen das weiße Brot in Stücke und reichten den Wein herum. Jetzt war alles still und an seinem Ort; auch die Hirten, denen die Herden gehörten, waren hoch oben erschienen, auf den Kuppen und gegen das Licht, und verharrten regungslos, auf uns herunterblickend, klein wie Puppen. Plötzlich fiel uns ein, daß wir nun wahrhaftig zu Phersephassa gelangt seien, zu Persephoneia, der mächtigen, rätselhaften Göttin gelangt seien, die uns so oft beschäftigt hatte und die eine Herrin dieser Insel gewesen ist: zu Demeter gehört sie, und am

Glanz hat sie teil, und die Nacht gehört ihr, das Grab und die goldene Ähre gehören ihr, und noch ist von ihrem Namen nicht deutlich, ob er die ganz und gar Glänzende oder die Töterin schlechthin meint. Wo wir saßen, war es kühl und heiß, und das Echo schallte.

Aber hoch herab von den überkragenden Wänden und weit herum und unter uns und zu den Seiten hing und schwieg die Totenstadt. Unser Fleck, wo wir saßen, winzig; eine winzige, duftende Insel über kühlem Schattenblau. Eine Insel in einem gewaltigen Schattentheater, einem Schattentrichter, in dessen Grund Wasser sauste. In den Berg, wo sie hoch im Licht gehaust hatten, hatten die Lebenden ihre Toten wie in Schatzkammern eingemauert. Der Berg war unterkellert von diesen Kammern. Es gab Eingänge, die so hoch in der Wand lagen, daß man sie auf Leitern hatte erreichen müssen. So war das gewesen: hinter ihren mit seltsamen Zeichen bedeckten Steinplatten kauerten, hockten und lagen sie still, und vorbei an den stillen Zeilen, den stummen Geschoßreihen dieser Kammern, auf und ab klappten die Hufe der Maultiere, flogen die Rufe der Wasserholer, der Tratsch der Wäscherinnen.

Auch jetzt fiel Geräusch in die Schlucht, Gelächter, hellstimmige Rufe. Den Weg herab, den wir übersahen und den wir selbst gekommen waren, leuchteten bunte Kleider, wir hörten die Stimmen von der Furt her, und nicht lange, so kam ein Schwarm Halbwüchsiger zu uns heraufgestiegen, junges Volk aus Sortino, das nachgelaufen war, um nach uns zu sehen. Sie lagerten sich um uns.

Aber unser Bauer gab jetzt das Zeichen, wir brachen auf und nahmen wieder den Weg, an dem die Zeit zu ermessen war: die ausgemuldeten Stufen, die ausgekehlten Wände, die Töpfe im Stein, fast knietief ausgetreten, in die drei Jahrtausende lang immer der gleiche Tritt von Maultier und Mensch sich gesenkt hatte. Eine Weile zogen die Herden rechts und links mit uns und trappelten. Unser Trupp, durch das untergemischte Volk aus Sortino verstärkt, war eine lange

Schlange geworden auf dem Saumpfad. Santina, die ihren Schirm gegen die Sonne aufgespannt hatte, leuchtete mit ihm wie ein Rosenkäfer. Indem wir so die Hänge und endlich die Flächen durchschritten, auf denen die Sikulerstadt sich erstreckt hatte, spürten wir eine Veränderung in der Luft. Sie war völlig still geworden, und die Sonne stach.

Ich hatte eine Scherbe vom Boden gegriffen, eine rote Tonscherbe, mit ein paar schwarzen Pinselzügen bemalt.

»Davon findet ihr wohl einen Haufen«, sagte ich zu dem Ziegenhirten, der gerade neben mir ging, und zeigte das Stück auf der Handfläche. Er blickte die Scherbe an und mich auch, mit gekrausten Brauen, ein junger Bursche, leichtfüßig, einen eisenbeschlagenen Stock in der Hand, einen Sack umgehängt, trotz der Hitze in einem dicken Janker aus Wollgestrick. Er lachte und schüttelte den Kopf.

»Niente!« sagte er. »Ihr kommt von weit, bückt euch und hebt es auf. Und ich gehe jeden Tag da und finde nichts davon. Nichts als Steine. Sass'. Sass'.«

Und er wiederholte es lachend. »Niente! Niente!« und »Sass'! Sass'!« Und indem er mit federnden Sprüngen bergauf setzte und zwischendurch seiner Herde pfiff, rief er lachend noch ein paarmal herunter, als wäre es das Zauberwort dieser Gegend: »Sass'! Sass'!«

Bald hatten wir die Höhe überquert, Schafrasen, lichtgrüne Felsen, das Korn schoß mächtig auf, wenn die Narbe auch steinig war; es war ja das Land der Demeter, in dem wir gingen, hier auf den Höhen wanderte Demeter im Licht. Dann aber war alles mit einem Schlage verändert. Indem wieder eine Schlucht sich öffnete, blieb die Sonne aus; unversehens deckte den Himmel ein herzbeklemmendes Grau. Wir mußten hinunter, der tiefste Abstieg schien es, den wir bedurften, um den Heimweg zu finden. Hier blieb das Gefolge, das wir eine Weile besessen hatten, zurück, und unser Wegführer nahm die Spitze. Zwischen Felszähnen ging es so steil hinab, daß wir uns oft aus den Augen verloren. Die Luft, ohne Regung, stand jetzt ganz klar, alles dunkel und frisch, die dunkle Klarheit vor dem Regenfall. Hier schoß grauer Wermut auf, bitter duftend, und Wolfsmilchstauden in mächtigen Kugeln. Es ging lang hinunter, da und dort lag noch ernsthaft eine der Totennischen am Weg, eigentümlich lau und streng zugleich stockte die Luft im Grund. Oben war Demeter gewesen. Wir aber mußten offenbar hinab, wohin die geraubte Kore gegangen war, um Persephoneia zu werden bei den Schatten. Wieder stand Wasser schwarz spiegelnd in der Tiefe. Ein Vogel fing heftig zu klagen an.

Unten gab es keinen Weg. Unten lief nur der schmale Strang der Kleinbahn und mühte sich zwischen den Wänden. Die Strecke sah aus, als hätten selbst jene unrecht, die sie noch manchmal befahren sein ließen. Sie wand sich verhofft durch diese Regionen, in denen eine Schmalspurbahn offenbar nichts zu suchen hatte. Wir liefen auf den Schwellen hin, indessen der Strang sich bald auf diese, bald auf jene Seite der Schlucht warf, über Stege ohne Geländer, an rutschenden Böschungen. Wir kamen an einem Steinbau vorbei, auf dem stand wirklich in großen Buchstaben angeschrieben: NECROPOLI PANTÁLICA. Aber Tür und Fenster versperrt, weder Weg noch Zeichen, keine Menschenspur. Wir gingen durch kleine Tunnel, die Felsvorsprünge durchstießen, und tasteten, bis wieder die Helle vom Ausgang durchdrang. Es war weit zu gehen, irgendwo sollten wir auf die Straße stoßen, an der uns der Autobus wieder aufnahm. Das Gespräch wurde einsilbiger, wir eilten. Ein schmaler Himmel blickte herein, düster grau. Im Behang murrte es, aber noch fielen erst einzelne Tropfen. Ein Frosch plärrte laut und klar. Rinder, rehbraun und sanft, unbegreiflich, wem sie gehören mochten, standen in einer Talbucht und äugten. Ein Blitzschein fuhr über die Wand.

»La galleria«, sagte der Führer und blieb wieder stehen, bis alle heran waren. Wir merkten, es mußte der letzte und offenbar der längste Tunnel sein.

Er winkte die zwei ragazzi heran, die bis hierher durchgehalten hatten und jetzt plötzlich mit dürren Sträuchern beladen waren. Das erste Büschel prasselte hochauf, und der erste der Jungen lief, das Feuer hochhaltend, in den Eingang. Der Bauer schrie, als ob ein Trieb Ochsen in Gang zu halten wäre, und wir liefen gehorsam; wir liefen unter vielen »avanti« und »forza« und halb geblendet, halb gelenkt von dem flackernden Schein; ein Büschel verglomm, das nächste fing fauchend Feuer, es war ein Hallen und Kreischen, ein Gewirr von Tritten. Die letzten Funken verpufften rötlichbraun zwischen den Schienen, als der Tag wieder einfiel; bläulich und feucht stand das Licht vom Ausgang her.

Wir standen draußen, und das Wetter schien hier, jenseits des Tunnels, gebrochen. Ein perlgrauer, sanfter, kräftiger Regen fiel. Die Schlucht lag hinter uns, Persephones Reich; wir gelangten wieder zu Lebenden. Wir sahen uns in einem weit offenen, üppig bepflanzten Tal voller Orangengärten, und wir streckten die Hände aus; uns verlangte, sie um die goldenen Früchte zu schließen, an denen Tropfen glänzten.

Vergil hat die Frage nach dem Tod seines Helden offengelassen. Im ersten Gesang der Äneis gibt die Vorschau nicht mehr preis als so viel: Drei Sommer und drei Winter lang werde nach dem Rutulersturz Äneas in Latium Herrschaft üben. Wer will, dem mag nach dieser Frist der Fürst gestorben sein. Doch kann die verhüllende Wendung auch anderes meinen, etwa eine Entrückung aus der Zeit. Römischer Überlieferung ist ein solcher Gedanke nicht fremd. Bei Livius zum Beispiel findet eine Erhebung unter die Götter inmitten währender Kampfhandlungen statt.

Jedenfalls befand sich an einem der Tage, die neben den Ablauf der Zeit fallen, der Fürst Äneas auf einem Weg den Berg Eryx hinauf. Er scheint dort am Fuße des Klotzes das Grab seines Vaters aufgesucht und sein Gefolge zurückgeschickt zu haben, sofern er mit Gefolge angereist gekommen war. Äneas bewegte sich zu Fuß, der Seefahrer und Städtegründer, ohne eine Waffe, der Fechter und Lanzenwerfer, der viele Menschen getötet hatte, ohne ein Abzeichen von Würden, einen breiten Hut auf der Schulter, »pius Aeneas« am Ende, im kurzen Rock, in der Hose seines Stammlandes, die sich allmählich im Gehen mit dem weißen Kalkstaub beschlug. Er ging nicht ungestüm, denn seine Jugend war sehr lang vorüber, aber auch nicht langsam; kaum daß sein Atem sich etwas hob.

Den Aufstieg muß ihm am väterlichen Grab ein bestimmter Gedanke eingegeben haben. Nämlich er konnte nicht so, wie er als gehorsamer Sohn des Vaters letzten Ort aufsuchte, auch dem Grab einer Mutter Verehrung erweisen. Im Gehen bedachte er, wie ein Sohn einer Göttin zwar dank ihrem Machtvermögen manche Annehmlichkeiten genieße, aber auch viel entbehren müsse. Denn leicht leben oben die Götter, und kaum entbunden, so hatte die Himmlische ihn den

Nymphen des Ida, bloßem Personal, wenn auch gleichfalls unsterblich, zur Heranzucht überlassen. Auch sein Dichter läßt den Sohn in Klage ausbrechen darüber, wie er die göttliche Mutter stets nur in einer Verkleidung erlebe, nur in Figuren, in anmutigen vielleicht, in bestrickenden oder blendenden, aber doch nur in Figuren. Ein Verlangen nach dieser immer entzogenen, immer sich entziehenden Mutter, die dort auf dem Berg seit jeher angerufen wurde, mag ihn auf den Eryx treiben.

Wie er so steigt, noch am flachen Hang, von ein paar Arbeitern gegrüßt, von zwei Mädchen auf Fahrrädern mit den Augen gestreift als ein Fremder, dessen Haltung etwas Besonderes ausweist, lebt er seine Zeit auf dem asiatischen Ufer zurück, diese goldstaubige Salweidenzeit, seine Hirtenkönigszeit, aus der ihn nichts hätte reißen können als der Einbruch des anderen Göttinnensohns, Achills, des Todgeweihten und Rücksichtslosen, in seine Schafschurplätze, unter seine Schattenbäume, zwischen die Tränkrinnen und Salzlecken, an denen abends die Mägde sangen. Er selbst, Äneas, ist nicht dem Tod geweiht, sondern der Geduld und dem Bestehen, und weil er als Hirte das Recht liebt, ist er herausgetreten aus dem goldstaubigen, unvermessenen Land, um vor die herrliche Troja den Schild zu halten, eingetreten in das Vermessene, in die eisenstaubige Landschaft des Nachruhms. Am Ende so vieler Mühen, nach Asche, Tränen und Salz, schon spät, noch einmal eine Braut, Lavinia, und er muß wieder das Eisen heben und töten, töten den hochmütigen schönen Turnus, dem Lavinia doch schon gehört. Turnus, ein junger Riese, hochmütig, rot und schön, und ein Mädchen Lavinia, und er schon der Vater Äneas, »pius Aeneas«, als der schöne Rutuler durchgestochen unter ihm lag. Er war ein Held, sie weiter nichts als das Mädchen, auf das einst der Gott seinen Flammenkranz senkte, so daß die erschrockenen Dienstboten nach den Funken schlugen, um sie zu ersticken. Lavinia sagt zu ihm: Ja, Herr. Sie sagt: Ja, mein Gebieter. Sie neigt den Kopf, ein italisches Mädchen, keine wilde Tyrerin. Sie ist nur als Name, als Siegespreis. Nicht einmal den Sohn aus ihr braucht er. Der Sohn ist schon auf den Schiffen gekommen, Julus, der einst die Herrschaft zu übernehmen hat. Julus ist von Krëusa da, von der Troerin. Lavinia neigt den Kopf und sagt: Ja, Herr. Sie geht nicht mit ihm auf den Berg.

Krëusa aber war hinter ihm gegangen, als er sich aus der brennenden Stadt schlug, den Vater auf dem Rücken, den kleinen Sohn an der Hand, wie die Dichter es nicht müde wurden zu schildern und die Maler zu umreißen. Krëusas Atem sangen die Dichter nicht, und die Mahler wußten nichts von Krëusas Atem. Krëusa ging hinter ihm, Krëusa hielt ihm die Wache in seinem Rücken, er hörte ihren schnellen und kräftigen Tritt hinter sich auf dem Schutt, zwischen den Trümmern, er hörte zwischen dem keuchenden Atem des alten Mannes Krëusas Atemzüge, wie sie sprang und stieg. Aber auf einmal war Krëusa nicht mehr hinter ihm.

Krëusa war gewesen, und auf einmal gab es Krëusa nicht mehr, nicht ihren Atem, nicht ihren schnellen, kräftigen Tritt. Er fand sie nicht mehr, keinen Schuh, keinen Zipfel von ihrem Kleid, die Lebende nicht, nicht die Tote, als er in wütendem Entsetzen den Rückweg antrat in die blutige Brunst, die er soeben verlassen hatte. Die Waffe hoch angehoben, setzte er über die Trümmer. Eine Ahnung, eine pochende Leere in seiner Brust, in der roten, sinnlos pochenden Höhle sagte ihm viel, als er die Leere hinter sich mit einem Schlage gespürt hatte. Es begann etwas mit ihm, etwas wurde mit ihm begonnen, ein Spiel, worin es für Krëusa keinen Platz gab. Aber er wollte nicht, nicht beginnen diesen Beginn hinter dem Ende, nicht auf den Weg nach Latium; keine Lavinia, die für ihn gezeichnet wurde. Seine Augen tränten vom Brand, von Todsucht, von den Übernächtigkeiten. Er schrie ihren Namen. Die Plünderer, die von ihrem Sieg tollen Schlächter hängten sich ihm an. Er schrie: Krëusa! Er hätte sie aus hundert Schändern herausgehauen.

Aber es gab Krëusa nicht mehr in der Zeit. Sie war zu den Göttern genommen. Ihm gaben die Götter keinen Tod.

»Mehr konntest du nicht tun«, sagte Krëusa, die neben ihm zum Eryx hinaufstieg. »Du wolltest alles tun, was du konntest, und ich danke dir, daß ich es gesehen habe.«

»Du bist es, Krëusa«, sagte Äneas in der Sprache, die nicht die Sprache seiner neuen Herrschaft war. »Ich danke dir, daß du mich begleitest, Krëusa.«

Sie gingen Hand in Hand in den beiden Radgleisen des Feldwegs, ihre Füße traten den bleichen Schotter, die verwaschenen Platten, ihre beiden Hände schwebten über dem Streifen Grasnarbe, der dazwischen lief. Der Tag hatte noch nicht lange begonnen, aber es lag kein Tau. Ein dünner, muschelig schimmernder Aufzug überstieg die Sonne. Es wurde nicht kühler davon, sondern die Luft fing an zu drükken. Ein schlaffer, schwüler Wind wehte aus Süden.

Sie blieben allein, denn es war eine der Zeiten, in denen die Insel wenig Verkehr sah. Die große, zügig gelegte Straße, die den Fahrzeugschlangen der Besucher gedient hatte, war zu großen Teilen abgeschwemmt und nur auf Strecken hin zu erkennen, vor allem an den bastionenhaft vorgemauerten Wendeschlingen. Der Tretpfad, jetzt der einzige Weg, lief dann und wann dem alten Trakt nach, teilte sich auch wohl oder schnitt eine Windung.

»Du bist es immer gewesen, Krëusa«, sagte Äneas. »Du warst die einzige.«

»Ich weiß, du gehörst mir«, sagte Krëusa, und sie setzte leicht hinzu: »Trotz der latinischen Braut, trotz der tyrischen Dido.«

»Du bist es immer gewesen«, wiederholte Äneas. »Du immer, aber ich war es nicht mehr nach dir. Was ich nicht mehr war, das mußte ich vollenden.«

»Ich habe nie geklagt«, sagte Krëusa. »Es war und ist, und ich bin's zufrieden.« Sie sträubte die Finger in seiner Hand, und Äneas sagte: »Krëusa, bleibe doch. Wohin willst du gehen?«

»Wir trennen uns nicht«, sagte sie. »Aber du wirst auf dem Berg erwartet.«

Sie ging seitwärts gegen die Halde, und Äneas blickte hinter ihr her. Immer in solchen Augenblicken hatte er seine Mutter erkannt, wenn sie sich wandte; Hals und Schultern verrieten sie dann. Aber es blieb Krëusa, und sie ging und bückte sich da und dort und hob ein Kraut an ihr Gesicht, das duften mochte, und sie entfernte sich und blickte sich nicht um nach ihm.

Äneas stieg, denn er hatte ja den Berg im Sinn, und er trat auf den Ziegenspuren und kürzte Wegschlingen ab. Der Pfad führte durch Forchengehölz aufwärts, ein paarmal unter Kalkriffen hin, an denen Efeu kletterte und mit hängenden Zöpfen pendelte, dann durch Mulden, in denen der Wind die Zapfen zuhauf trieb, so daß sie unter dem Tritt tuschelten und ihren Harzgeruch hergaben. Wenn die Wand offenlag, fauchte der Wind an ihr aufwärts, fing sich winselnd in einem Schliff, jaulte darin und fiel zusammen. In der Höhe trieb gestaltloser Dunst und sackte in den Schlüften abwärts. Punischer Wind, Wind aus Süden, der erschlaffte und die Haut feucht belegte.

Als er um die Flanke des Bergs kam, dorthin, wo sich der Weg wendet zur Stadt hinauf und in großer Tiefe die Landsichel von Trapani ausschwingt, blieb er eine Weile stehen. Dort unten war es gewesen, daß nach dem Aufbruch aus Karthago, jenem Aufbruch ohne Abschied, unselig und mehr eine Flucht als etwas anderes, die Frauen der Flotte gemeutert und im Rücken der Männer die Schiffe angesteckt hatten. Es war ihnen genug des Salzes gewesen, genug der Asche und Tränen; hier unter ihren Füßen war Land, um darauf zu wohnen und zu gebären und davon zu essen und darin begraben zu sein. Was war ihnen Latium? Feuer in die Schiffe: Der Wind drückte den Rauch nieder von den schwelenden Borden, zähen, brodelnden Rauch, der sich weithin über die Küste legte, er wälzte sich in der Tiefe; zerfallene Häuserzeilen, ein paar Schornsteine abgegangener Fabriken drückten sich durch den dunklen Bezug. Der Fürst Äneas seufzte, er wandte sich und stieg die letzte Strecke zum Dach des Berges hinauf.

Oben lag alles wüst, die anfänglichen Heiligtümer zuerst abgegangen und geschleift, dann was darüber errichtet worden war, die Bergstadt, ihre Kirchen mit Türmen und Apsiden, die sarazenischen, die normannischen und spanischen Schildmauern und Bergfriede auch eingesunken, zerhöhlt und niedergeschwemmt, so daß Trümmer und Trümmer sich mischten, alles von Gras und Moos überwuchert und von Ranken durchfilzt; aus Löchern schoß wilder Lorbeer, und Kaktusfeigen hielten Schuttriegel besetzt, über welche die Eidechsen zischten. Da und dort lief eines der alten, sauber mit schwarzbunten, harten Geschiebeköpfen benagelten Gäßchen der vergangenen Stadt ein paar Schritte unverwachsen. Äneas stieg langsam gegen die vordere Nase an, veränderten Atems in dieser Höhe, und da und dort ergoß sich auf die unzählbaren Hügel Siziliens ein Schimmer aus Wolken und spielte perlenhaft.

Er blickte lange aus über das Meer, das er einst befahren hatte und dessen unendlich ansteigende Fläche von Hauchfahnen in den Anlauftönen schmelzenden Metalls überlaufen war, und saß dann gesenkten Kopfes, wartend, zu wem er nach Krëusas Worten bestellt sei. Als er sich grübelnd bewegte, spürte er auf seinen Armen einen Druck. Der Druck zwang ihn von seinem Rücken her nieder wie zwei fremde Arme, und die Hände, die zu diesen Armen gehörten, schränkten sich vor ihm zusammen. Nicht lange, und er sah diese Hände.

Jetzt bleibt Äneas, der den Rutuler Turnus niedergestreckt hat, sitzen ohne eine Bewegung, wie er sitzt. Er sagt »Dido« in seiner langen, traurigen und enttäuschten Geduld.

»Warum nicht?« sagt Dido hinter ihm, »warum nicht Dido? Verlassene warten. Immer warte ich auf dich.«

Der Druck gegen seine Arme mindert sich nicht, doch die Hände lösen ihre Verklammerung und strecken die Finger.

Eine Bahn trockenen braunen Bluts tritt auf den Händen aus, eine Bahn quer über beide Hände, sie steht eine Weile und zieht sich wieder zurück.

»Du denkst noch«, sagt Dido in seinem Nacken, »an unser erstes Wiedersehen, mein Fürst Äneas? Auch damals war ich dir schon voraus. Denn erst bleiben die Verlassenen zurück. Später sind sie voraus und warten.«

»Ich hatte dich gerufen, Dido.«

»Still. Bei den Schatten. Noch starr von Tod, und schon du. Du auch bei den Schatten, von der Sibylle geführt, zu Besuch bei den Schatten, um deine Zukunft zu erfahren. Aber zuerst war ich es. Jetzt kommst du auf den Berg, um Vergangenes wahrzunehmen. Das Zukünftige oder das Vergangene: immer bin ich da.

Sprich nicht«, sagt Dido. »Denn ich spreche. Sieh dort, das Meer, auf dem Meer kamst und gingst du. Salziges Meer. Meerab, und weit hinten der Rauch von Didos Scheitergerüst. Meerauf, meerab, immer ausgezogen, immer Rauch hinter dir, Rauch der heiligen Ilios, Rauch vor dir, eisenfarbig, brandrot, immer vor dir ein Latium, eine blonde Chimäre, die vielleicht Lavinia hieß. Warum das? War ich nicht mehr als Lavinia? Warum nicht bei mir, unter den Purpursegeln, immer bei mir, in den Goldgewinden, in der roten Glut? Warum ein Latium?«

»Die Götter, Dido«, sagt Äneas, »das weißt du wohl, die Götter.«

»Diese Götter«, sagt Dido verachtungsvoll, »kenne ich. Mannsgötter aus dem Kopf, lauter Mannsgötter, und doch auch eine blonde Larve Lavinia. Mannsgötter, Mannsgedanken aus dem Kopf.«

»Und die deinigen, Dido?«

»Das weißt du«, sagt in seinem Nacken Dido. »Nicht aus dem Kopf, und doch habe ich dir in nichts nachgegeben. Ich war die Königin, auch ich Städtegründerin, ich auch Richterin, ich auch Befehlshaberin über Schiffe und Männer. Aber ich habe nur mir gefolgt, ich habe mich vermessen, hätte ich mich schämen sollen? Ich habe mich nicht geschämt, als die kleinen Scheiche im Hinterland in den Zelten meckern konnten: Seht die karthagische Hündin und den Fremden! Ich habe alles aufgegeben, warum gabst du mich auf? Bin ich nicht mehr als deine Göttin gewesen? Das war doch ich, die dich mitgenommen hat in die Länder, die nirgends liegen, in die mohnroten und pfauenfarbigen, deren keines dem andern gleicht, durch die man reist, ohne einen Fuß aufzusetzen, ohne Rad, ohne Huf, ohne Mast? Habe ich dich nicht durch die vielen Türen geführt, Tür nach Tür, namenlose, zu denen kein Wort Einlaß verschafft, blind durch die Labyrinthe, in denen man brennt, ohne zu verbrennen? Und du hattest ein Latium im Kopf. Was ist mir geblieben? Nicht einmal einen Sohn hatte ich zu lieben aus dir und außer dir, der mich im Leben halten konnte. Bist du einmal außer dir gewesen, ein einziges Mal außer dir, ›pius Aeneas‹, wenn nicht mit mir? Warum wolltest du zu dir kommen, wo du doch bei mir gewesen bist?«

Sie sitzt jetzt neben ihm, und wie er sich ihr zuwendet, muß er ihre Augen sehen. Sie hebt langsam eine Hand und greift zu und faßt den Stoff über seiner Brust und schüttelt ihn mit Gewalt, und er setzt sich nicht zur Wehr, »pius Aeneas«, obwohl er doch einstens den riesigen Rutuler gefällt hat, und läßt sich schütteln. Sie endet mit einem Stoß gegen seine Brust.

»Jetzt sprich etwas«, herrscht sie ihn an, die sidonische Dido, hochfahrend. »Zieh mich in Vergleich. Nenne etwas gegen mich.«

»Götter aus dem Kopf«, erwiderte Äneas langsam mit Spott und Trauer. »Fünfhundert Jahre Römischer Friede in der Welt. Gott, lateinisch redend mit Heiden und mit Christen. Dreitausend Jahre ›ab urbe condita‹ noch Latein in Patagonien und in Pakistan.«

»Was für ein Wahn«, ruft die Königin Dido verächtlich. »Dreitausend Jahre Latein? Für eine solche Lächerlichkeit verkaufst du Liebe?«

»Vielleicht«, sagt Äneas, »bist du stärker, Dido.«

»Jedenfalls bist du mein Schuldner. Denke dir etwas aus. Löse dich. Versuch es, löse dich.«

Äneas denkt nach, und nach einer Weile sagt er: »Was soll ich tun? Halben Hangs unter uns gibt es ein Bauernwesen, nicht viel mehr als eine Hütte. Aber die Hütte hat ein Dach aus Hohlziegeln, sie hat ein Steingehege rundum, einen Brunnen und einen Feigenbaum. In der Tür wird man, wenn sie offen steht, den Monte Cofano sehen, und häufig einen Regenbogen über dem Monte Cofano. Ich will die Hütte dem Bauern abmieten. Ich nehme an, Dido, du wirst von dem Purpurzelt Abstand nehmen können, das nicht mehr wäre als eine Angelegenheit des Standes. Wir müßten ohne alle Zutaten auskommen. Niemand soll uns also dort kennen, und wir wollen dort in der Hütte leben andere dreitausend Jahre oder bis daß du selber sagst: genug jetzt.«

»Nicht genug«, ruft Dido, »das ist alles? Mehr bietest du nicht an? Ein Schäfer? Ich bin die Königin.«

»Mannsgedanken«, sagte Äneas mit geduldigem Spott. »Du überführst dich selbst, Dido. Nein, anders konnte es nicht ausgehen. Die Dauer war nicht für uns.«

Über dem allem sitzen sie schon eine Weile in treibendem Dunst, der die Haut feucht beschlägt, und es muckt jetzt dumpf in der Wolke. Ein Blitz reißt auf, eine lila Blüte, die sie blendet. Sie hören einander noch reden, aber wie sie zu fragen und zu antworten scheinen, ist es, als verstünden sie einander immer weniger und ihre Sprachen entfernten sich immer mehr eine von der andern, und sie redeten endlich nur noch mit sich selbst oder jedes redete mit vielen andern. Äneas versinkt in sich, es wird ihm wieder deutlich, was eigentlich ihn auf diesen Gang gelockt hat.

Immer hat er gehofft und hofft nun doch noch, die göttliche Mutter würde sich ihm zeigen, die mütterliche Göttin, weil sie auf diesem Berg behaust ist. Er weiß nicht, wie es geschehen wird, und in welcher Gestalt, und er bangt nur, es wird ihm gehen wie sein Leben lang: erst wenn sie sich wendet, wird er sie erkennen.

Ja, Herr, sagt inzwischen in dem jagenden Schein Lavinia, er erkennt Lavinia in den Blitzen. Sie müht sich um seine Hände und beugt sich zu ihm.

Er aber sagt zu Krëusa, indessen die schweren Tropfen fallen: »Du hast nicht ein einziges graues Haar an dir, Krëusa. Dabei hatte ich nichts so lieb wie das erste graue Haar, das ich an dir sehen sollte. Ich habe es nicht an dir gesehen. Ich wollte mir dir gehen in deinem grauen Haar und dich lieben.«

Ich danke dir, sagt Krëusa, ich bin's zufrieden.

– Das Goldgewinde, sagt Dido. Sie zieht den mit sidonischen Schnecken gefärbten Schleier gegen sein Gesicht.

Seine göttliche Mutter erhebt sich und steht von ihm auf. Und wie er ihr nachzublicken versucht durch den Schleier, ohne den Kopf zu wenden, kommt es zuletzt wie immer: er hatte sie nicht erkannt. Jetzt erkennt er sie an Hals und Schultern.

Von Schaaken bis Sciacca, von Tromsö bis Tauromenion. Windbrüller. Der Wind hat das Fenster aufgedrückt. Laß herein den Wind, laß den schwarzen Wind ein. Leg den Stein ein wenig anders auf deinem Herzen, damit es Luft bekommt. Die Luft ist zuviel. Das Fenster reicht sehr weit hinauf in die Nacht, sehr hoch. Die Nacht hat kein Dach. Viel Dächer, unter denen wir aneinanderlagen, ganz weit voneinander fort. Der Wind treibt den feinen Sand, trommelt mit dem Sand auf Gläsern. Immer die Windstimmen, und ganz tief unten das Meer.

Windstimmen. Trockene Namen: La Cala, La Zisa. Menani, Favara, Caltavuturo, Calascibetta. Ächzen der Bremsen in Kurven, kläffende Autosignale. Esel aus den Opuntien: plötzlich halten sie an, wässernd, die Beine störrisch, ziehen die Flanken ein, holen ihren Schrei herauf, röchelnd, unstillbar, rostige Schrei-Ketten. Schrilles Geplärr, überlaut, aus der muffigen dunklen Bar, durch die Schnurvorhänge. Horniger Trott auf Kalkstufen.

So vieles ungefunden, vieles ungesagt. Vieles Unverhohlene verhehlt. Vieles schrecklich am Tag, unverhüllt, nicht zu sagen. Armut, nicht zu sagen. Geile Armut für Fremde. Die Pest fetter Gecken mit leerem Blick. Geruch aus Hungermägen. Menschenhaufen wie Flecken von Schorf. Keusche Inseln, vom Schorf befallen.

Gassen, von Menschen dunkel wie von Fliegenschwärze. Fliegenschwärze auf rohem Fleisch, auf den Metzgerschrägen. Ein Schaff Wasser, drüber geschwungen, um die Fliegen zu scheuchen. Dann steht eine surrende Wolke in der Luft, schwarz, schmeißig, metallisch surrend. Der punische Baal, fleischfressend. Der Fliegengott.

Die Baalim haben sie gekannt. Die Aschoreth herübergebracht, die Männin, die herrliche Ischtar. Ischtar hoch auf dem Berg. Die Paliken, sikulische Götter, in den Kohlensäuresümpfen. Demeter mit Kora, eine göttliche Mutter, doch keine Sohnsmutter, Göttinmutter einer Göttin. Dann erst die Sohnsmutter, die Orantin, die Panagia und Nikopoia. Der Pantokrator im Gewölb. Allahu. Reiner Gedanke, bildlos. Friede sei euch. Friede mit allen in der Welt. Gott will es. Das Schwert, das lateinische Kreuz. Sankta Rosalia, Nichte eines Königs, die Grottenheilige.

Aber der Berg ist fast mehr, so daß er nicht einmal Namen braucht, weiß wie ein Geist. Weiß und weit, auf der Bläue schwimmend. Das Blaue reicht hoch hinauf, und noch höher, dort wo ihn niemand mehr erwartet, beginnt der Berg. Feuer fließt in den Schnee. Fallwinde stürzen von oben. Vom oberen Feuer bis in die Feuer der Tiefe reicht der Berg.

Vieles ungehoben: Tyndaris, Naxos, Solunt, Motye, Herakleia Minoa. Säulentrommeln, im Grund ausgeschnitten, vergessen, andere weggeschleift und verlassen. Scherben zwischen den Brombeeren. Eine weiße Hetärenhand, schwarze Läufer im Knielauf, in Pinselschrift Buchstaben, Lambda und My, einer zweifelhaft. Der Kuros, kopflos, marmorn wie körniger Schnee, mit dem Schriftband vom Knie zur Lende. Vieles ungestorben. Darauf kannst du sterben.

Dann die Mittage: alle die nackten Berge, rosa und grau, schattenscheckige Hügel. Mittagsgespenster von Städten, würflige Stadtgespenster, Erdbebenstädte, nackt, schnarchend, rektangulär, im Schlaf von Zuckungen heimgesucht. Alpträume aus Barock, Kröpfe, Vasen, Obelisken. Vogelmist träuft über Rollwerk und Pilaster, auf die Schmerzensmutter-Monogramme. Alle die räudigen Wände der Städte, verpißte Mauern, verbogene Eisenbalkone, die Salzmühlen und die Dreschtennen und Wagenremisen. Trapani, glastig in sein Meer hinausgespiegelt, die Spiegelsichel, alles überhell, hell verschnittene Alleen ohne Schatten, lauter schattenlose Täuschungen. Massen von Matrosen, flutend, Menschenfluten, zwei Ellen über dem Boden, viel Masten, lauter Täuschungen.

Aber die Säulen von Monreale, gewirtelt und köstlich mit blauen und goldenen Bändern eingelegt. Die Borde und Zinnen am Palermitaner Dom, braun, wie aus Wüstenlehm ausgebacken. Geometrische Träume. Träume von Oasen: La Zisa, La Cuba, die Würfel und Halbkugeln in den Granaten- und Apfelsinengärten. Hängende Goldhöhlendecken. Das Lager des Hamilkar Barkas. Nackte Kalkhalde. Barak ist der Blitz.

Tankred ist da geritten, dann der andere Tankred, Rogers Enkel, dem sie noch als Totem das Diadem nahmen. Manfred von Staufen, gefallen bei Benevent, Friedrichs Sohn, Liebling Siziliens, dann bei Benevent gefallen. Dante ist ihm noch begegnet, Purgatorio im dritten, blond war er, schön und hoch, ma l'un de' cigli un colpo avea diviso, von einem Hieb die eine Braue durchgespalten. Dem letzten der Staufer nahmen sie seinen Kopf und warfen den Rumpf ins Hafenwasser. Dort trieb er, wo die Parthenope trieb, die tote Sirene, zwischen Schwemmholz, von Krabben angenagt.

Königssöhne, durchstochen. Mumien magaziniert, staubpudrig, fad grinsend. Abgelagerte trockene Großtanten. Siebentausend Athener im Steinbruch, die Zahl konstant, nur das Verhältnis sich verschiebend zwischen dem noch lebenden Fleisch und dem schon der Fäulnis unterworfenen. Einmal waren sie schön, die Schönen, schön ritten sie den Festweg zur Jungfrau Athena hinauf. Dann im eigenen Kot erstickend. Siebenzig Tage ein halbes Maß Wasser und Mehl, halbe Sklavenrationen. Endlich der Rest im öffentlichen Aufstreich verkauft.

Laß den Wind ein, die schwarze Luft, alles Schreckliche, das die Menschen miteinander angefangen haben. Was die Menschen miteinander gemacht haben, alle die unerträgliche maßlose Lust. Dort in Taormina, oben, gegen die hohen Fenster fauchend der Wind. Dort in Taormina, dort in Ravenna, dort in Oslo und Reval, ziellos klagend, aneinander geklammert in Eisenbetten, haben wir uns ausgeheult. Bald der Regen. Bald nasser, schwerer Regenwind.

Manches Angebot, viel Pauschale. Alle die Tipsen in Taormina, die vor den Kellnern balzen, wenig Böcke, viel Angebot, trotz Pauschale nicht alles einbegriffen. Überangebot, krampfhaft gelöste Studienrätinnen. Suchende, ohne daß die Literatur weiter hilft. Manches an Folklore, Blusen teuer, Filme empfiehlt es sich, von zuhause mitzunehmen. Gelbfilter sieht die Dinge gleich anders. Hin- und Rückfahrt im Liegewagen. All die maßlose Trauer, die schreckliche Einsamkeit in der überbelegten Welt. Alles käuflich, aber fast alles nicht zu kaufen.

Herrliches Geld hatten die. Auf den Münzen von Akragas Adler, Goldadler, von der trächtigen Häsin schnäbelnd. Didrachmon von Panormos: das Windspiel. Der halbe Stier von Gela, knieläufig, stößig, mit gehörntem Bartgesicht. Löwen von Himera. Vierspännig die Syrakusaner Niken.

Endlich die Gerüche: der harsche Geruch von Fischfleisch, das Messer des Fischers, das den Nerv trennt, der Schnitt durch den weißen Fischmuskel, Fischblut, das dunkle Thun-Blut im Tang. Der Tang. Der Geruch der Zitronen. Lorbeer und Rosmarin, Wermut, Bocksdrüsen. Dikker, trostloser Staubgeruch, schlappes Brackwasser, schleimig patschend, Gestank fauler Muscheln, Gestank von Abtritt und Seifenlaugen. Rauchdunst aus Fumarolen.

Blubbernder Urdreck, Gasblasen, vom Gekröse des Grunds ausgewürgt, schmatzend und platzend. Schwabbelnde Ringe in Schlammschüsseln, schweflige Schmieren, Salzgrinde, Giftkrusten. Trübgelbe Stapel gepreßten Schwefels ausfuhrbereit. Grubenkrater und Halden, Schuttgrate wie auf dem Mond, mondig mit ganz scharfen Schatten. Kommerzielle Urlandschaft. Unter Tag die schweißnassen Leiber. Das Geschnatter der Bohrer. Wenig Menschenlaute.

Wir kennen doch manches. Schweben und Fliegen. Pendeln am flüsternden Fallschirm. In den Wind gehen. Entrücktsein. Drück auf den Knopf, dann leuchtet das Fadenkreuz auf. Ganz ins Ziel gehen. Einen schweren Kopf haben von einem schweren pappsüßen Wein. Brüllen mit Polyphem. Komm heraus, Polyphem, Niemand ist es, Niemand will dich rufen. Kyklopisch rülpsen, mit Lava nach weißen Dampfern schmeißen. Eine Gefährdung der Schiffahrt ausüben, die Pauschalen in Frage stellen. Besoffen nach Böcken tapsen. Verfehlen Odysseus, der sich am Bauch des Schafbocks festklammert, eine Zecke am Bauch, blauwäßrig vollgesogen. Nicht viel, und deshalb leicht zu verfehlen. Blind überleben. Überlisten den Alten, überleben als Niemand. Noch nach Ithaka kommen. Listig nach Ithaka kommen des Tods wegen, den uns niemand nehmen kann. Weit das Fenster öffnen, den schwarzen Wind hereinlassen. Jetzt kommt der Regen. Das Meer kommt. Bougainvillea. Sanfter Zimtgeruch.

Die Menschen sind besser als wir

Unten nahm sich das Dorf ziemlich wohlhabend aus, aber den Hang hinauf wurde es dürftiger und schien Mühe zu haben, sich zu ernähren. Von den Treppen sahen wir rechts und links in Winkel, wo Körbe geflochten wurden aus Rohrbüscheln, die gegen die weiß und bläulich gekalkten Häuser gelehnt waren, und Frauen und Mädchen saßen zu vieren oder fünfen über Stickrahmen gebückt mit eiligen und sorgenvollen Bewegungen. Ganz oben kam es noch ärmlicher, und der Treppenweg wurde ein Stieg, holprig wie ein Bachbett, voll von Unrat und Hühnerfedern. Wir hatten es eilig, vollends hinaufzukommen. Neben uns und auch manchmal vor uns schlich ein Wesen in einem schmutzigen Hemd und zerfransten Hosen. Es trat auf seinen nackten, schmutzigen Sohlen zwischen den Steinen herum und strebte gleich uns aufwärts, indem ihm an jeder Seite eine Blechbüchse, mit Wasser gefüllt, die Arme niederzog und es uns dann und wann musterte aus seinem kleinen und ebenfalls schmutzigen Gesicht. Wir aber schenkten ihm so wenig Aufmerksamkeit wie vielleicht einem staubigen Huhn, das sich herumtreibt. Der häßliche Weg führte endlich durch eine Bresche, die in den Rest einer alten Mauer gebrochen war; zwischen Brennesseln hindurch schlüpften wir ungeduldig ins Freie.

Als wir links hinaufbogen, rief das Bübchen etwas. Wir waren aber nicht für das Bübchen aufgelegt. Es rief dringlicher. Als wir ein Stück weit hinaufgegangen waren, spürten wir wieder das Bübchen auf unseren Fersen. Es hatte seine Blechbüchsen unten stehen lassen und war uns nachgelaufen. Es wollte Neß am Rock ziehen, aber Neß wich mit einem Schrei aus. Neß hatte einmal in Palermo in einer Hafengegend an die dreißig Kinder an sich hängen gehabt, ein Rattenknäuel, das wild wurde und zu beißen anfing. Das

Bübchen bekam statt ihrer mich zu fassen und rief wieder aus seinem mageren Gesicht und blickte uns an mit seinen auffallend hellgrauen Augen. Wir verstanden nichts, aber seine Hand stieß nach der anderen Seite.

Dort war ein Weg sichtbar, und der Weg führte hinauf zu einer Kapelle, die geschmacklos hergerichtet aussah und die vermutlich als die Sehenswürdigkeit dieses Dorfes galt. Wir wollten dort durchaus nicht hinauf, sondern wir wollten uns eine unauffällige und nicht sehenswerte Stelle suchen und dort eine Zeichnung machen und unsere Vorräte aufessen und vielleicht auch schlafen.

»Gib ihm doch was«, sagte Neß, »damit er geht.«

Und ich wollte das tun, denn wir haben ja immer das dumme Zeug im Kopf von Bettelei und Diebsgesindel, aber zufällig fand ich kein gewechseltes Geld bei mir und stellte also meinen Mann anders, indem ich grob wurde und die kleine Kreatur anschrie. Die kleine Kreatur mußte stehen bleiben; aber sie lief immer noch nicht zurück dorthin, wohin sie gehörte, sondern blieb stehen und rief sogar noch einmal hinter uns her.

Wir aber stiegen hinauf und waren erleichtert, daß wir nun doch vielleicht ohne Anhang würden davonkommen, denn auf dem Land gab es meistens Anhang, und der Anhang war lästig. Zwischen Wolfsmilch und Feigenkaktus legten wir also eine ziemliche Strecke zurück. Einen guten Platz fanden wir nicht, auch dann nicht, als der Weg plötzlich aufhörte vor einem sehr tiefen Riß, den von unten niemand ahnen konnte. Es ging weder rechts noch links weiter. Gerade hinab lud offenbar das Dorf seinen Müll ab, sofern sich jemand die Mühe machte, etwas fortzutragen.

Neß sagte: »Wir hätten ein bißchen freundlicher zu dem Bürschchen sein können –.« Und weil wir nicht freundlich gewesen waren, mußten wir nun wieder hinabsteigen bis zu der Mauerbresche, dort, wo das Bübchen uns gerufen hatte.

Es war kein Mensch da, und wir stiegen also aufs neue und nach der anderen Seite. Der Weg war ausgetreten und durch

Stufen befestigt; rechts und links bänderten Stützmauern den Hang und bildeten Terrassen. Oft schlossen sie nur ein paar Handbreit Erde ein, eben groß genug, um einen Rebstock oder vier oder fünf Stauden Kohl dort gedeihen zu lassen, wenn man sie fleißig begoß. Wir fragten uns, wie es wohl lohne, für vier oder fünf Köpfe Kohl ein Mauerstück aufzuführen und Erde darin zusammenzuscharren. Aber freilich, zählte man die Zeit anders als wir und rechnete nach, wieviel Kohl das in fünfzig und in sechzig Jahren ausmachte, so war es der Mühe wert. Wir sahen da und dort feuchte Platten und errieten, wohin die kleine Kreatur mit ihren Blechbüchsen unterwegs gewesen war. Dann lag zur Seite in einer Vertiefung ein Kalkofen; dort waren Burschen beschäftigt und sahen neugierig auf, als wir vorbeistiegen.

Eben hatten wir die Kapelle hinter uns gelassen und hatten den Hang erreicht, wo er wild wurde und wo einzelne Pfade sich teilten zwischen Ginster und Rosmarin und nur da und dort noch ein Ölbaum in seiner Ummauerung stand. Da sagte Neß: »Sieh hinter dich. Es soll uns nicht gelingen.«

Hinter uns her stieg ein Mensch in einem weißen Hemd und in einer Hose voll Kalkspritzer.

»Er kann auch einen anderen Weg haben«, sagte ich.

Und Neß sagte: »Gib ihm, so schnell es geht, damit wir ihn loswerden.«

Der Mensch hatte keinen anderen Weg. Es war ein noch junger Mensch, der uns freundlich grüßte. Er fragte höflich, ob er sich zu uns setzen dürfe.

»S'accomodi«, sagte ich wütend.

Neß hatte unser Frühstück ausgepackt, in jenen Tagen hielten wir auf unser Frühstück unter freiem Himmel. Deshalb war Neß auch wütend und fragte also den jungen Menschen, was sie ihm anbieten dürfe. Aber er sagte freundlich »no« und »grazie« und er habe soeben »finito«.

Und also ließen wir es bewenden und nahmen weiter keine Notiz und setzten uns noch mehr so zurecht, daß wir keinesfalls dem Ausblick den Rücken kehrten, und unterhielten uns laut in unserer eigenen Sprache.

Der Mensch, der sich uns aufgedrängt hatte, unterbrach uns nie. Aber sobald gerade keines von uns redete, fing er an und gab Auskunft, wie der Berg links heiße und wie der in der Mitte heiße. Dann sagten wir »si« und »va bene« und waren sparsam mit unseren Blicken.

Aber als er an die Berge zur Rechten gekommen war, störte ihn doch, daß wir es so wenig genau nahmen, und er gab sich Mühe, es deutlich zu machen. Wir sagten, daß dies alles »molto bello« sei, aber es für uns nicht so darauf ankomme, die Namen zu wissen. Der junge Mensch verstand das; er begann darum zu den Dörfern überzugehen, die man sah. Es waren ziemlich viele Dörfer, und deshalb griff ich zu meiner Brieftasche ohne Rücksicht auf den Umstand, daß es mir an kleinen Scheinen fehlte. Ich sagte ihm, daß es uns ein Vergnügen gewesen sei, und daß er uns ein weiteres Vergnügen bereiten würde, wenn er etwas annehme für einen Kaffee.

Aber der junge Mensch sah mich an und sah Neß an und blickte auf das Geld nicht nieder, obwohl es ein ungewechselter Schein war, und es fiel mir plötzlich auf, wie anmutig und gelassen er sich niedergesetzt hatte und wie gelassen er sprach und wie klug seine Mienen waren. Er sagte kurz und nicht eine Spur unfreundlich, er brauche kein Geld, um einen Kaffee zu nehmen. Dann ließ er uns eine kleine Pause. Aber er erhob sich nicht.

Und somit lernten wir eine Art von menschlichem Austausch kennen, die uns abhanden gekommen ist. Denn in unseren Ländern ist es höflich, sich nicht umeinander zu bekümmern, und man geht unter Menschen, wenn man ungeschoren bleiben will. Wer uns nachläuft, will uns etwas verkaufen oder hat sonst seine Absichten. – Ich mußte nun wieder anfangen, denn ich war ja in Verlegenheit gesetzt mit meinem falsch angebrachten Trinkgeld; und so fragte ich ihn, ob er da drunten in dem Kalkofen beschäftigt sei.

O ja, sagte er, sie brennten ein paar Tage Kalk, heute noch und morgen, denn sie hätten zu bauen. Es seien seine Arbeiter, und die könnten wohl eine Weile alleinbleiben. Wenn er uns etwas nützen könne, so sollten wir über ihn verfügen.

»Oh«, sagte ich. »Danke.«

»Da siehst du«, sagte Neß, »wohin du kommst mit deinem langweiligen Geldanbieten.«

»Wer hat mich denn schließlich darauf gebracht«, sagte ich, »wer denn?«

»Es ist der Königssohn«, sagte Neß, »das hättest du gleich sehen können. Nausikaa, die seine Schwester ist, wäscht am Meer mit den Mägden. Er mit den Brüdern und mit den Sklaven ist zum Kalkbrennen.«

Also saßen wir da, und der junge Mensch setzte die Unterhaltung fort, nach der ihn verlangte. Wir verstanden, daß man in solch einem Dorf, wohin selten Fremde kamen, einen Besuch ansprach. Vielleicht mußte man es tun, es war ein Gebot, sich des Fremden anzunehmen.

Und so zeigte er uns also doch noch die Dörfer; und der junge Mensch wartete, bis wir sagten, daß es »bello« sei, und wenn wir nichts sagten, so vollendete er es selbst und sagte uns vor: »È bello.« Und eine Weile brauchten wir noch, um unseren Überdruß zu verwinden über das alte ranzige »È bello«-Geschwätz, von dem man nicht weiß, ob es die Einheimischen von den Fremden oder ob sie es für sie gelernt haben; aber so ist es gar nicht, es ist ihnen ernst und sie sagen es, weil sie es spüren und ergriffen sind, wenn etwas »bello« ist. Auch der junge Mensch war ergriffen von seiner Heimat, in der er lebte, wir sahen es ihm an und hörten es an seiner Stimme. Er mußte sie preisen und wollte sie gepriesen hören von uns, die doch weit her kamen.

Denn davon mußten wir nun auch erzählen und Rede und Antwort stehen, und wir sprachen von den Wintern und von den Sommern in anderen Ländern und von dem Brot, das in anderen Ländern gegessen wird und von den Meeren, an die andere Länder grenzen. Dann nahm er wieder das Wort und zeigte uns nun sein Haus, das unten im Dorf lag, dort wo das Dorf wohlhabend ausgesehen hatte, und wir mußten es mit den Blicken suchen, ein weißes Haus, stattlich, mit drei Balkonen. Er beschrieb uns auch einen Fruchtgarten, der seinen Eltern gehöre, einen alten und gut bewässerten Garten, windstill und sonnig, unter der Mauer in einer Schlucht. Er rundete die Hände und zeigte uns, wie die Apfelsinen, die Limonen beschaffen seien. Auch sein Garten ergriff ihn, wenn er an ihn dachte, obwohl er doch nur eine Viertelstunde von ihm entfernt war. Eine Sehnsucht packte ihn, uns den Garten loben zu hören.

»Wollen Sie mit mir hingehen?« sagte er mit seiner langsamen und klaren Aussprache. »Ich werde Ihnen den Garten zeigen.«

Ich sagte, wir möchten es gerne, allein es fehle uns an Zeit. »In Palermo«, sagte ich, »werden wir erwartet. Und wir sollen vorher noch den Berg hinauf.«

»Sie werden Zeit finden«, sagte er und stand plötzlich auf. Er zog seine Uhr heraus und deutete, um es ganz sicher zu machen. »Ich werde auf Sie warten. Ich werde um vier Uhr fertig sein, und von da an werde ich warten auf der Piazza. Ich werde Ihnen alles zeigen.«

Er ging von uns weg ohne einen Abschied, so wie man sich nur für eine kurze Zeit trennt, und wir sahen ihn mit leichten und geschwinden Schritten bergab ziehen. Kaum, daß er weg war, packten wir auf und setzten unseren Weg fort und stiegen weit umher und blieben länger liegen als wir vorgehabt hatten, und so recht aufgelegt waren wir nicht zu dem Stelldichein auf der Piazza.

»Ich glaube doch nicht mehr«, sagte Neß, »daß es der Königssohn war. Vermutlich wird überhaupt niemand auf der Piazzetta warten. Und Nausikaa ist erfunden und der Apfelsinengarten.«

»Nausikaa hast nur du erfunden«, sagte ich.

Als wir ziemlich spät aus den Bergen herunterkamen und das Loch in der Mauer suchten, kam uns wieder das Bübchen entgegen. Solange wir in den Bergen herumstreiften, war es auf und abgegangen mit seinen Blechbüchsen, man sah es ihm an, und es ging klein und geduldig und unansehnlich wie ein staubiges Huhn und hatte in jeder Hand eine Blechbüchse, durch die ein Stück Draht als Henkel gezogen war. Es sah uns an mit einem Vorwurf in seinem Blick, und senkte die Augen und ging an uns vorbei, klein und unansehnlich. Es sah uns nicht mehr nach, und ich rief ihn, weil ich dem Bübchen jetzt gerne doch etwas gegeben hätte, und Neß rief ihn auch, und das Bübchen aber hielt nicht, es nahm uns nicht mehr an und wollte uns auch nichts mehr abnehmen; und jetzt konnten wir gehen.

Es blieb keine Minute übrig; der Bus kam um die Ecke. Als der Bus an der Piazzetta noch einmal hielt, stand dort kein Königssohn, auf der ganzen Piazzetta sahen wir niemand. Neß sagte: »Siehst du. Es gibt keinen Apfelsinengarten.«

Aber als wir die Piazzetta entlanggefahren waren, stand an der Ecke doch unser junger Mensch und hatte ein frisches Hemd an und einen guten Anzug und in der Hand einen Zweig mit goldenen Früchten, und erst im letzten Augenblick sah er in den Bus, und wir fuhren auf und konnten ihm noch winken, aber wir sahen nicht mehr, was er für ein Gesicht machte.

»Es gibt doch einen«, sagte ich zu Neß; und wir waren beide ein wenig betreten.

Neß sagte: »Du sollst still sein. Die Menschen sind besser als wir.«